OHADA

Le cadre juridique des investissements agricoles et la problématique de l'incohérence des politiques économiques

Collection « Études africaines »
dirigée par Denis Pryen et son équipe

Forte de plus de mille titres publiés à ce jour, la collection « Études africaines » fait peau neuve. Elle présentera toujours les essais généraux qui ont fait son succès, mais se déclinera désormais également par séries thématiques : droit, économie, politique, sociologie, etc.

Dernières parutions,

Alexis NDABARUSHIMANA, *Le Burundi face aux besoins fondamentaux de sa population*, 2021.
Marie Agnès FEUKEU TCHOUMBA, *Le pouvoir de sanction de l'Union africaine. Analyse des mécanismes de coercition du système d'intégration régionale africain*, 2021.
Abdel Kader BONGO DOYENDZE, *Le Paléolithique en République du Gabon : Étude des industries préhistoriques du Haut Ogooué*, 2021.
Mamadou Bakaye DEMBELE, *L'échec d'une construction légale du droit des successions au Mali*, 2021.
Yassine KERVELLA-MANSARÉ, *La condition peule hier et aujourd'hui. Étude comparative de communautés : Guinée et Tchad*, 2021.
Saliou NGOM, *Femmes et politique au Sénégal. Les dynamiques imbriquées d'inclusion-exclusion de l'indépendance à nos jours*, 2021.
Jean OTEMIKONGO MANDEFU YAHISULE, *Elections et changement politique en République démocratique du Congo. Six décennies perdues pour le développement*, 2021.
Sylvain Sorel KUATE TAMEGHE, *La justice, ses métiers, ses procédures, OHADA, Union Africaine, CEEAC-CEMAC, CEDEAO-UEMOA, Nations Unies, Cameroun, 4ème édition*, 2021.
Adrien ELLA MENDENE, *L'approche par les compétences au Gabon*, 2021.

Hygin Didace AMBOULOU

OHADA

Le cadre juridique des investissements agricoles et la problématique de l'incohérence des politiques économiques

L'Harmattan

5-7, rue de l'École-Polytechnique ; 75005 Paris

http://www.librairieharmattan.com

ISBN : 978-2-343-22219-6
EAN : 9782343222196

« L'essor économique d'un pays est tributaire non pas seulement du profit qu'il tire de ses ressources naturelles, de l'engouement, l'expertise et du travail de ses femmes et de ses hommes, mais surtout d'une gouvernance responsable, soutenue par une rigueur selon des considérations profondément morales et éthiques. Une gouvernance qui proscrit tout acte de folie, car l'immoralité tue le moral.»

Hygin Didace AMBOULOU

AVANT-PROPOS

Ce volume sur « *Le cadre juridique des investissements agricoles et la nécessité de leur mise en cohérence avec les politiques économiques* » poursuit l'étude que nous entreprenons depuis une dizaine d'années de l'Organisation pour l'harmonisation en Afrique du droit des affaires (OHADA). Une étude qui, de plus en plus, devient une collection, grâce notamment au savoir-faire et à la diligence des Éditions L'Harmattan.

Les volumes précédents, en effet, couvrent les questions d'ordre législatif, jurisprudentiel et doctrinal inhérentes à la promotion, la vulgarisation et l'application des Actes Uniformes de ce Traité. Et, dans cette perspective, plusieurs ouvrages sont déjà sur le marché, notamment :

- *Le droit des affaires dans l'espace OHADA ;*
- *Le droit des sûretés dans l'espace OHADA ;*
- *Le droit des entreprises en difficulté dans l'espace OHADA ;*
- *Le droit de l'arbitrage et des institutions de médiation dans l'espace OHADA ;*
- *OHADA, Traité de droit des transports de marchandises par route et des opérations de dédouanement.*

Mais la vocation de ce Traité qui est avant tout un instrument d'intégration économique régionale et qui, désormais embrasse divers domaines de l'économie, nous a obligé de jeter les bases d'une réflexion approfondie sur des questions d'une importance d'envergure et pour lesquelles toute l'attention des opérateurs économiques et des investisseurs de tous horizons est plus que focalisée. En pionnier, il fallait et il faut bien répondre à leurs attentes et les éclairer sur la manière de minimiser les risques inhérents à leurs activités. Pour cela, quelques thématiques ont déjà fait l'objet de publications :

- *Le droit des marchés financiers dans l'espace OHADA ;*
- *Le droit du développement et de l'intégration économique de l'espace OHADA ;*
- *Le droit des investissements et l'analyse économique de l'espace OHADA ;*
- *OHADA, Traité de fiscalité des entreprises ;*
- *OHADA, La construction du marché commun africain et la problématique de l'harmonisation des Traités régionaux ;*
- *OHADA, La problématique du conflit de normes et de compétences dans la situation de coexistence des juridictions communautaires ;*

- *OHADA, Code des investissements et des activités économiques ;*
- *Le droit OHADA, Problèmes et perspectives dans la sécurisation des investissements et l'assainissement de l'environnement juridique des affaires ;*
- *OHADA, La situation juridique des investissements dans l'optique du changement de la gouvernance du franc CFA.*

Comme on le constate, l'ampleur de cette matière qui couvre, en effet, les spécificités les plus subtiles et tendancieuses de la vie économique, exige une fois encore que soit envisagé un troisième volume uniquement consacré aux questions d'intérêt structurel, liées au fonctionnement des institutions de l'OHADA. Il faut le reconnaître, l'œuvre est gigantesque, impressionnante et difficile. Mais je puis vous rassurer, ce volume centré sur l'évolution sociale et politique des institutions de l'OHADA paraîtra bel et bien. A titre d'exemple, un livre qui était longtemps en chantier est déjà en phase de finalisation. Il s'agit du livre : *OHADA, L'espoir d'une union monétaire avortée.*

Brazzaville, le 10 décembre 2019

INTRODUCTION

L'histoire du développement économique de l'espace OHADA révèle l'existence de plusieurs politiques et programmes agricoles dont les objectifs n'ont été presque jamais atteints. D'une part, les contraintes de l'environnement et, d'autre part, le non-respect des critères de performance définis de commun accord avec les institutions financières internationales, ainsi que l'incohérence et l'inaptitude des politiques, sont autant de causes qui justifient ces échecs répétés.

Jusqu'à la crise économique qui sévit actuellement dans cette région, les soins de santé, la sécurité, l'éducation primaire et la vulgarisation agricole constituaient les quatre fonctions fondamentales qu'un Etat moderne était censé garantir aux citoyens. C'étaient les seuls fruits des indépendances décrétées en 1960. En ce qui concerne la politique agricole, les institutions internationales (la Banque Mondiale, le Fonds Monétaire International (FMI), et l'Organisation des Nations-Unies pour l'Alimentation et l'Agriculture (FAO) considéraient comme normal de concentrer sur les seuls services publics qui, d'ailleurs, proposaient aux paysans une assistance technique subventionnées, destinée à promouvoir une agriculture moderne. Finalement, ces deux options, notamment le financement public et l'assistance technique ont, toute la période postindépendances, commandé et dominé dans le choix des politiques agricoles. A vrai dire, il ne s'agissait plus de choix puisque la ligne de conduite pour tous les gouvernements était déjà tracée. Pendant ce temps, les pays nouvellement indépendants devraient aussitôt connaitre de graves crises financières et budgétaires. Ils furent donc contraints à réviser leurs visions quant à poursuivre le financement public des politiques agricoles.

Et depuis cette période, dans plusieurs pays de la région, l'option de libéralisation des terres agricoles avait été prise comme voie à suivre pour arrêter la dégradation de la situation et relancer l'économie. Mais malgré cela, depuis 1992, l'agriculture des pays membres de l'OHADA, est en réelle déliquescence (budgets insignifiants, obsolescence des infrastructures de base, absence ou presque des semences, techniques archaïques ou rudimentaires). Pourtant, ce bloc de pays est une région exceptionnellement favorisée par la nature. Chaque habitant y est par nature un « planteur ». Il y est aisé, sans travail excessif et pénible. Il travaille dans des cultures vivrières, sans viser nécessairement les revenus qu'il pourrait tirer de la commercialisation de ses récoltes. Ici, la terre est très riche. La région demeure couverte au trois quarts et plus par la sylve non défrichée. La densité de la population est relativement faible et, en dehors de quelques régions du Sahel, la question de l'alimentation en eau ne se pose pas avec acuité.

Mais pour cette raison même, l'intensification de l'activité agricole et l'extension des plantations se heurte rapidement au problème de la main-d'œuvre. Déjà ce problème se posait de longue date aux coupeurs de bois et planteurs européens : réquisition administratives ou marchandages conclus avec les chefs traditionnels ou de cantons y pourvoyaient. Au début, même chez les planteurs assez riches, la main-d'œuvre familiale (particulièrement nombreuse chez les plus riches, polygames, et groupant sous leur tutelle de nombreux parents et clients ou anciens captifs) suffisait ; les chefs pouvaient y ajouter la prestation coutumière. Très vite, avec l'extension des surfaces et aussi la course à l'enrichissement (incitant à se décharger du travail personnel sur des salariés ou des métayers), le besoin de main-d'œuvre, au moins saisonnière, se fit sentir.

Mais aujourd'hui, l'agriculture demeure de très loin la source la plus importante de la production, bien qu'elle ne soit pas sa source exclusive. Il est très difficile d'en apprécier la valeur globale, l'essentiel de cette production agricole, celle du paysan africain, destinée à l'autoconsommation, échappe à toute statistique et même à toute évaluation sérieuse. Nous nous permettrons d'indiquer, ici, de manière succincte, les évaluations de la production vivrière (riz, mil, manioc, ignames, tarots, etc.) que fournissent les annuaires statistiques et maintes ouvrages. D'une part, elles reposent sur des chiffres fournis par des fonctionnaires qui se bornent ordinairement à reproduire les données de manières subjectives. Tout au plus, et avec bien de réserves, peut-on accepter l'ordre de grandeur qu'elles proposent. L'appréciation en valeur de ces productions est encore plus difficile, s'agissant des produits dont la commercialisation est marginale, et dont les prix de marché sont fréquemment sous-estimés.

Certes, depuis les années 1990, il est probable que la part de la production vivrière est notablement plus élevée. Par rapport à la période antérieure, mais il est certain que la part de la production agricole exportable s'est accrue, tant en valeur qu'en quantité. La part des produits de cueillette quant à elle a continué à décliner (1/20e environ du produit de l'agriculture). L'autoconsommation (en y incluant les échanges par le troc ou même monétaires, mais dans le cadre de l'activité villageoise) absorbe les ¾ de la production agricole, les ¾ de celle du paysan en 2000. Mais les disparités s'accentuent entre pays et dans un même pays entre régions. Tandis qu'en Afrique de l'Ouest, la production marchande est devenue prédominante (Côte-d'Ivoire, Sénégal), en Afrique Centrale, il arrive que le pourcentage de la production absorbée par l'autoconsommation augmente, du fait du déclin des cultures. De la production commercialisée, le marché intérieur, y compris les exportations clandestines, absorberait à peu près le tiers, l'exportation les deux autres tiers.

En outre, les techniques n'y ont guère évolué. Tout au plus peut-on noter que dans certains pays (Sénégal, Cameroun, Guinée, Togo) on a enregistré les premiers progrès de la culture attelée. Les tentatives faites depuis plus de trois décennies avaient fait disparaître l'utilisation du bétail de retrait. Quelques charrues restent néanmoins dont on avait finalement mis au point des modèles adaptés aux conditions de l'agriculture de savane.

Les progrès sensibles de la production commercialisée et de la pression de l'économie moderne devraient accélérer l'érosion des structures sociales traditionnelles. La décomposition de la collectivité patriarcale au bénéfice de la famille restreinte (monogame ou polygame) gagne des régions entières. Désormais, c'est à partir du paysan africain que commence à se développer « une agriculture capitaliste moderne ». Le planteur africain reste pourtant, dans toute cette période, à la limite entre le petit producteur artisanal et l'entrepreneur capitaliste. Sa modernité tient à ce qu'il produit essentiellement pour le marché, et plus souvent pour l'exportation.

Mais ses moyens sont limités. Ses revenus sont utilisés en dépenses de prestige plutôt qu'accumulés et, si accumulation il y a, elle se fait le plus souvent ailleurs que dans l'agriculture (commerce, transports). Ce paysan reste prisonnier des structures traditionnelles dont il utilise d'ailleurs les moyens : avant d'utiliser des salariés étrangers, il emploiera d'abord ses dépendants familiaux. Paradoxalement, la collectivité patriarcale qui tend en général à se dissoudre, se maintient, voire se reconstitue souvent au bénéfice des gros planteurs ; mais le chef de famille y fait de plus en plus figure d'exploiteur. L'étranger, à l'origine, utilisé comme métayer est rétribué en nature plutôt que comme salarié.

Ce bref rappel de la façon dont l'agriculture fonctionne dans l'espace OHADA, explique pourquoi chaque acteur, chaque cadre, intellectuel ou paysan, est normalement interpelé. Que faire ? Quelle politique ? Quels moyens ? Ce livre répond à ces questions. Il est centré sur les priorités qui sont dictées par le souci de doter l'ensemble de la région d'infrastructures agricoles capables d'améliorer les moyens de lutte contre la pauvreté et de promouvoir une croissance économique harmonieuse et un développement social équilibré. La mobilisation de toutes les ressources destinées au financement des politiques agricoles est nécessaire, notamment dans les secteurs prioritaires au développement. La conclusion des accords avec le FMI, la Banque Mondiale, le FAO, le PNUD et bien d'autres pourrait permettre de relever les défis et manifester la solidarité internationale.

PREMIERE PARTIE. L'ANALYSE DU CADRE GEOGRAPHIQUE DE L'ESPACE OHADA

CHAPITRE 1. LES CARACTERISTIQUES GEOGRAPHIQUES DES PAYS MEMBRES DE L'OHADA

Section 1. Le Bénin

Brève présentation. Etat de l'Afrique occidentale, sur le Golfe du Bénin. Au Sud, climat équatorial et partiellement forestier, s'oppose le Nord, tropical et recouvert de savanes. Le manioc est la base de l'alimentation : l'huile de palme, le coton et l'arachide sont les principaux produits d'exportation passant par le port de Cotonou, principale ville.

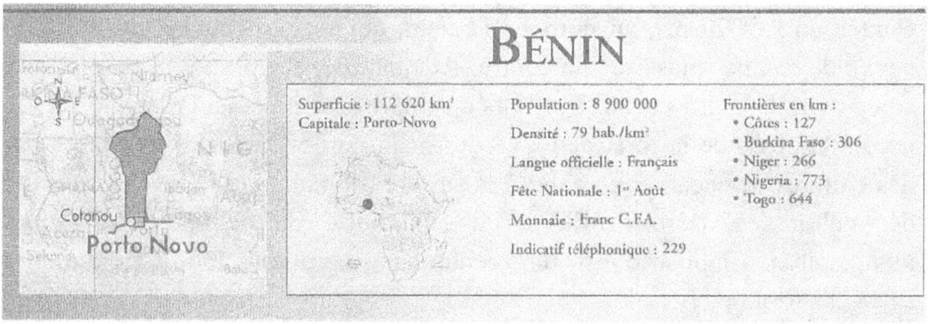

Carte n° 1. Source : Direction Générale du Trésor, République du Congo, Agenda, année 2013

Section 2. Le Burkina-Faso

Brève présentation. Etat d'Afrique occidentale. Enclavé au cœur du Sahel et peuplé, surtout de Mossi, c'est un pays pauvre, souvent aride, domaine d'une médiocre agriculture vivrière (sorgho, mil) avec quelques plantations commerciales (coton, arachide). L'élevage (bovins et surtout ovins) souffre des fréquentes sécheresses.

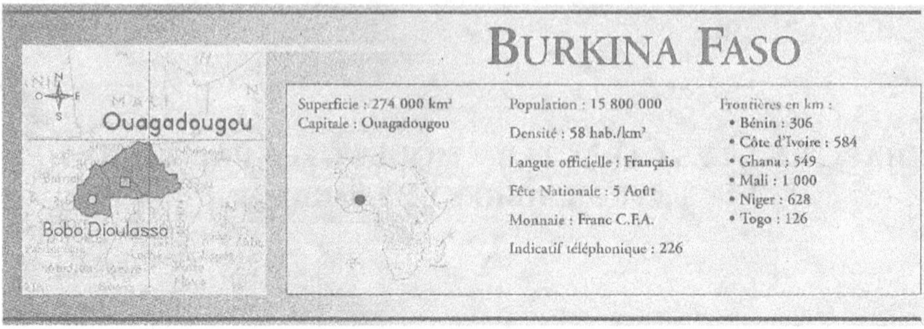

Carte n° 2. Source : Direction Générale du Trésor, République du Congo, Agenda, année 2013

Section 3. Le Cameroun

Brève présentation. Etat de l'Afrique, sur le Golfe de Guinée. Le Cameroun est formé de plaines (sur le littoral), des hauteurs volcaniques isolées (Mont Cameroun : 4 070 m), au nord de Douala, qui est le débuché maritime du pays), de chaînes massives au centre (Adamaoua), de collines et de plateaux aux extrémités nord et sud. Toujours chaud, le climat devient plus sec vers le nord. On passe de la forêt dense (fournissant du bois précieux et rouées par des cultures de cacao et de café) à la savane (domaine de l'élevage bovin et des cultures vivrières : mil, sorgho, manioc). En dehors de branches alimentaires, l'industrie est représentée par la production d'aluminium : Edéa et surtout de pétrole.

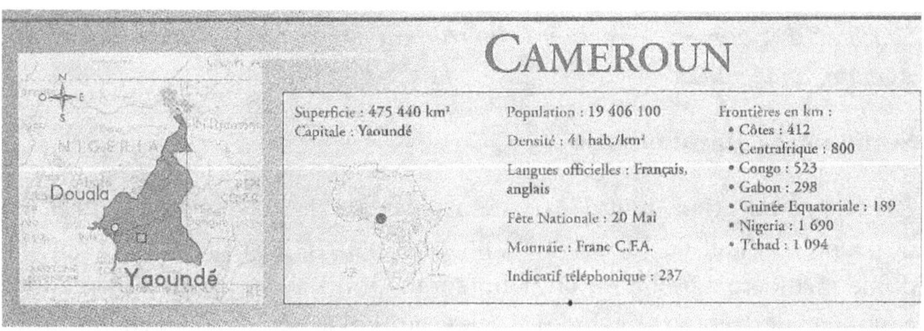

Carte n° 3. Source : Direction Générale du Trésor, République du Congo, Agenda, année 2013

Section 4. La Centrafrique

Brève présentation. Etat de l'Afrique. C'est un pays de savanes où, à côté des cultures vivrières (mil, maïs, manioc), quelques plantations (coton, café) et les diamants (richesse essentielle du sous-sol avec l'uranium), fournissent l'essentiel des exportations.

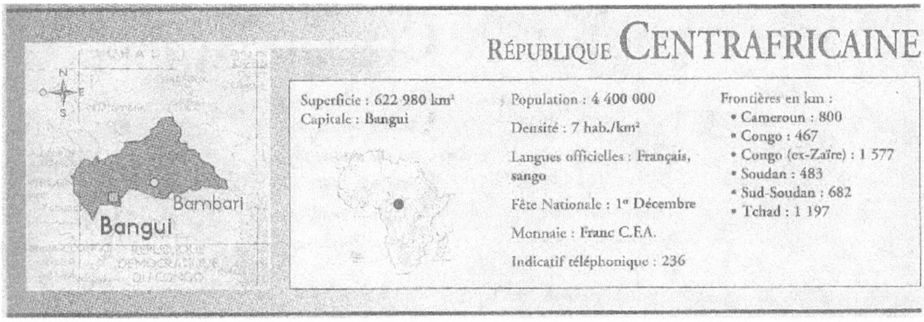

Carte n° 4. Source : Direction Générale du Trésor, République du Congo, Agenda, année 2013

Section 5. Les Comores

Brève présentation. Etat de l'Océan indien, au nord-ouest de Madagascar. Il comprend les îles de Ngazidja (ancienne Grande Comores), Moili (ancienne Mohéli) et de Ndzouani (ancienne Anjouan), la quatrième ville de l'archipel, la population composée d'éléments variés, est musulmane. Production de vanille, de coprah, d'huiles essentielles.

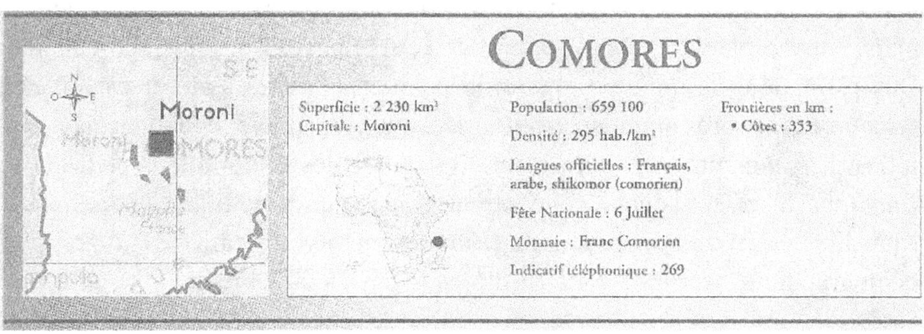

Carte n° 5. Source : Direction Générale du Trésor, République du Congo, Agenda, année 2013

Section 6. Le Congo-Brazzaville

Brève présentation. Etat de l'Afrique équatoriale. Chevauchant l'équateur, le pays est partiellement recouvert par la forêt dense, localement exploitée. Le manioc est la base de l'alimentation. Le pétrole est la principale ressource d'exportations qui passent en majeur partie par le port de Pointe-Noire.

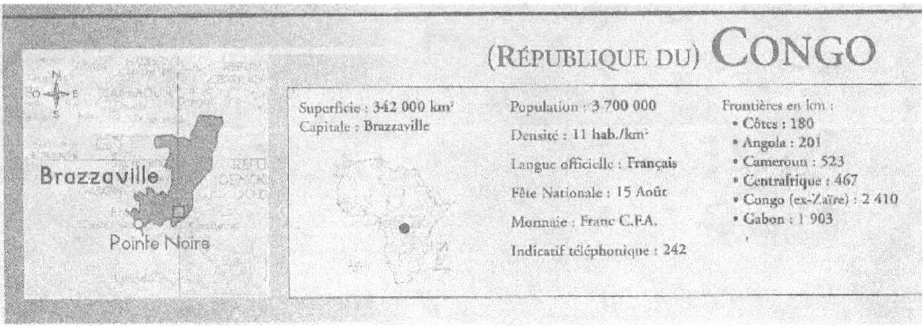

Carte n° 6. Source : Direction Générale du Trésor, République du Congo, Agenda, année 2013

Section 7. Le Congo-Kinshasa

Brève présentation. Etat de l'Afrique centrale. Traversé par l'équateur, le pays s'étend sur la cuvette forestière humide et chaude qui correspond à la majeure partie du bassin du fleuve Congo et sur les plateaux ou hauteurs de l'est. La population, plus de 500 ethnies, très inégalement répartie, a une forte croissance démographique ; l'exode rural a gonflé les villes, surtout Kinshasa. Le secteur agricole, toujours dominant, est surtout vivrier (manioc, maïs, banane-plantain). Mais le pays ne couvre pas ses besoins alimentaires. Des plantations fournissent huile de palme, palmistes, café et cacao. Les ressources minières abondantes et variées (cuivre en tête, cobalt et diamants industriels notamment) fournissent l'essentiel des exportations. Kinshasa, Lubumbashi et Kisangani concentrent les quelques activités industrielles. Mais le pays est très dépendant du cours des matières premières. La pression démographique accroît le sous-emploi et le pays a dû lourdement s'endetter.

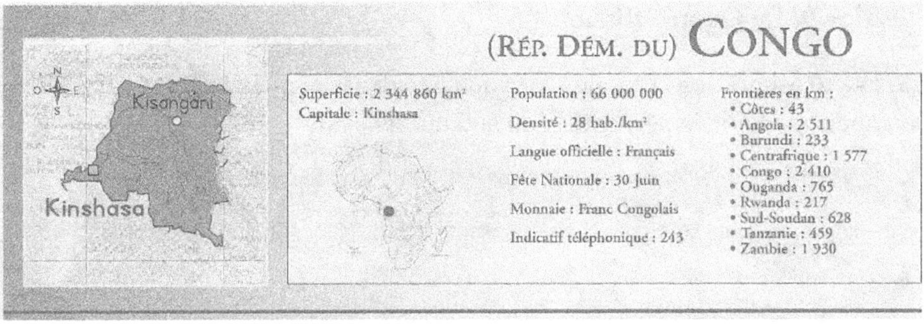

Carte n° 7. Source : Direction Générale du Trésor, République du Congo, Agenda, année 2013

Section 8. La Côte-d'Ivoire

Brève présentation. Etat de l'Afrique occidentale, sur la côte nord du golfe de Guinée. En arrière de la gestion littorale, bordée par des lagunes er occupée par la forêt dense, des plateaux recouverts par la savane apparaissent au nord. La Côte-d'Ivoire, encore surtout rurale, associe les cultures commerciales (café, cacao, fruits tropicaux) et vivrières (manioc) à l'exploitation forestière (acajou), au tourisme. Elle a connu une notable expansion (liée à une forte immigration des pays voisins, mais l'économie demeure dépendante de l'évolution des cours des matières premières.

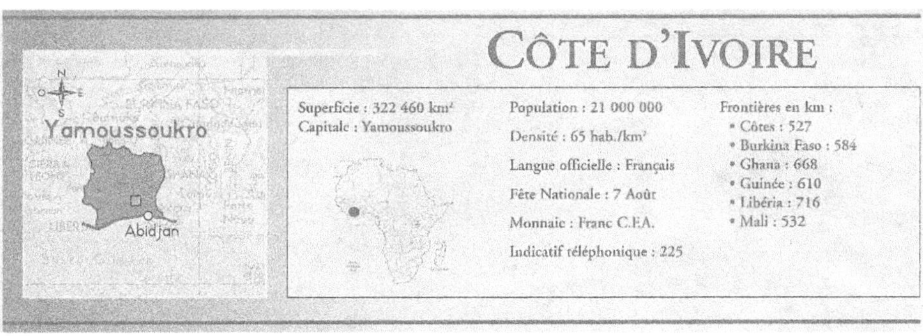

Carte n° 8. Source : Direction Générale du Trésor, République du Congo, Agenda, année 2013

Section 9. La Guinée-Bissau

Brève présentation. Etat de l'Afrique occidentale, c'est la Nouvelle Guinée ou ancienne Guinée portugaise, au sud du Sénégal.

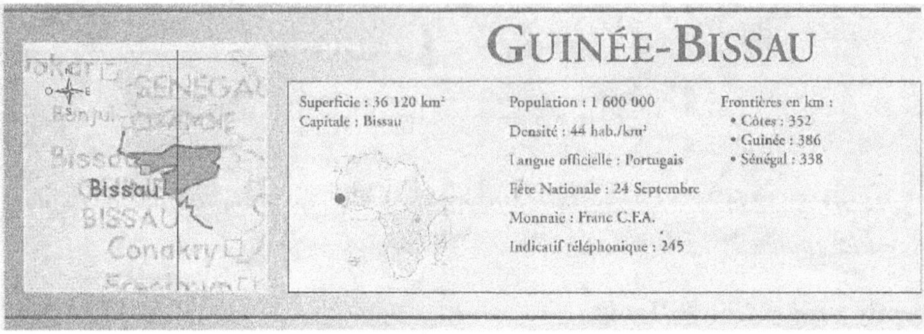

Carte n° 9. Source : Direction Générale du Trésor, République du Congo, Agenda, année 2013

Section 10. La Guinée Equatoriale ou Guinée espagnole

Brève présentation. Etat du golfe de Guinée. Elle comprend deux parties : l'une qui regroupe diverses îles, dont Bioco et Annobon ; l'autre, qui correspond au territoire continental du Mbini (ancienne Rio Muni) entre le Cameroun et le Gabon.

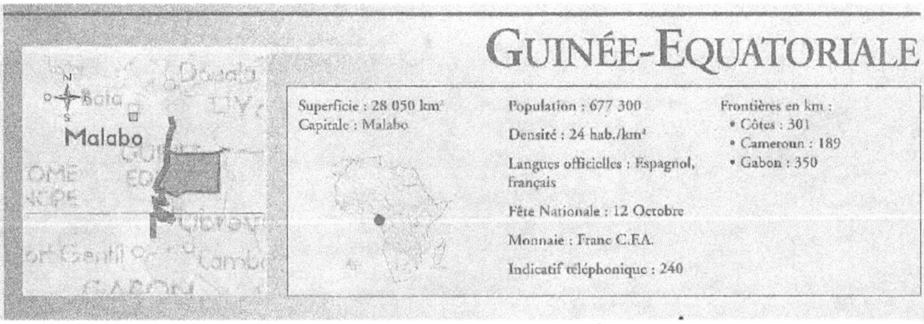

Carte n° 10. Source : Direction Générale du Trésor, République du Congo, Agenda, année 2013

Section 11. La Guinée-Conakry

Brève présentation. Etat de l'Afrique occidentale. Le massif du Fouta-Djalon, domaine de l'élevage bovin, sépare une plaine côtière, humide, densément peuplée, cultivée en riz et possédant des plantations de palmiers à huile et de bananiers, de la partie orientale, pays plat, plus sec, fournissant surtout du mil et du manioc. La bauxite (transformée en partie sur place en alumine, à Fria) assure l'essentiel des exportations, passant par Conakry, seule ville importante.

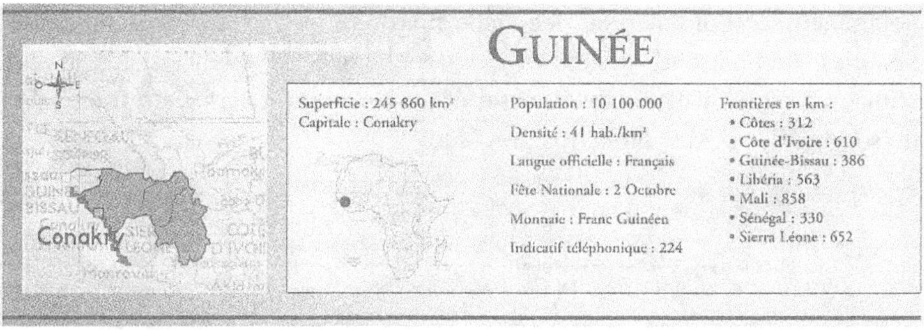

Carte n° 11. Source : Direction Générale du Trésor, République du Congo, Agenda, année 2013

Section 12. Le Gabon

Brève présentation. Etat de l'Afrique équatoriale. Correspondant au bassin de l'Ogooué, le Gabon est un pays peu peuplé, au climat équatorial, recouvert par la forêt dense, dont l'exploitation constitue une ressource importante, à côté des industries extractives (uranium, manganèse et, surtout, pétrole).

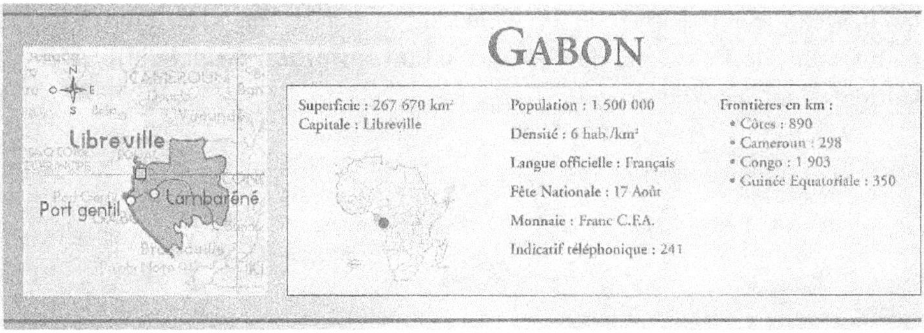

Carte n° 12. Source : Direction Générale du Trésor, République du Congo, Agenda, année 2013

Section 13. Le Mali

Brève présentation. Etat de l'Afrique occidental, s'étendant sur l'ancien Soudan français. Le nord et le centre appartiennent au Sahara et à sa bordure ; c'est le domaine de l'élevage nomade (bovins et surtout ovins et caprins), fondement de l'économie d'un pays très pauvre, qui souffre notamment de l'absence de débouché maritime et de ressources minérales notables. Le Sud, plus humide et mis partiellement en valeur par les travaux réalisés dans les vallées du Sénégal et du Niger (Macina), fournit du ml et du sorgho, du riz, du coton, de l'arachide.

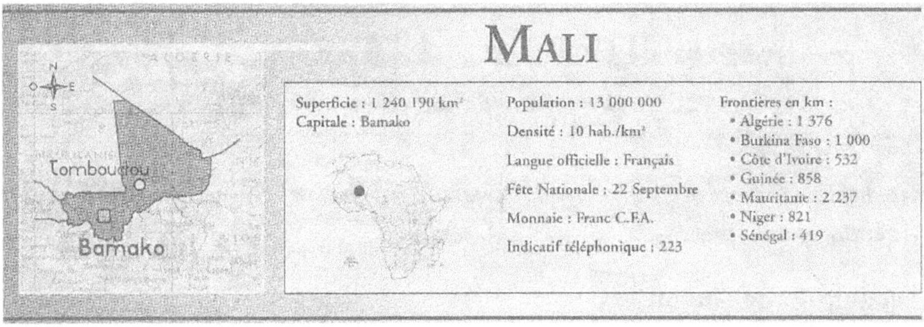

Carte n° 13. Source : Direction Générale du Trésor, République du Congo, Agenda, année 2013

Section 14. Le Niger

Brève présentation. Etat d'Afrique occidentale. Très étendu mais steppique ou désertique en dehors de la vallée du Niger, le pays enclavé, vit très pauvrement de l'élevage, de quelques cultures (millet et arachide). Le sous-sol recèle de l'uranium.

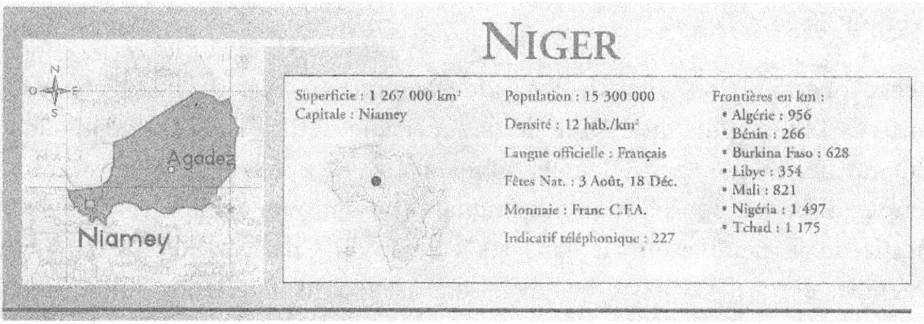

Carte n° 14. Source : Direction Générale du Trésor, République du Congo, Agenda, année 2013

Brève présentation. Etat d'Afrique occidentale. Très étendu mais steppique ou désertique en dehors de la vallée du Niger, le pays enclavé, vit très pauvrement de l'élevage, de quelques cultures (millet et arachide). Le sous-sol recèle de l'uranium.

Section 15. Le Sénégal

Brève présentation. Etat de l'Afrique occidentale, au sud du fleuve Sénégal. C'est un pays plat, au climat tropical, dont la population est concentrée dans l'ouest du pays. Les deux tiers des actifs travaillent dans l'agriculture (arachide, riz, mil, élevage). Les industries sont localisées dans la presqu'île du Cap-Vert. Le sous-sol recèle des phosphates, et le potentiel hydroélectrique est en cours d'aménagement, le tourisme ne comble pas le déficit commercial.

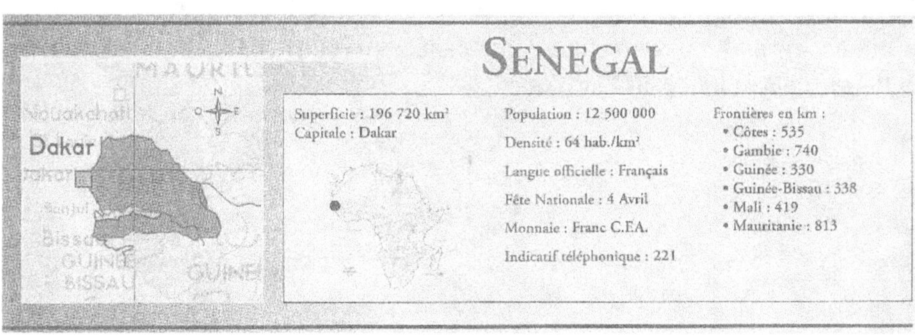

Carte n° 15. Source : Direction Générale du Trésor, République du Congo, Agenda, année 2013

Section 16. Le Tchad

Brève présentation. Etat de l'Afrique centrale, à l'est du Lac Tchad. Au nord, le Tchad (plus du double de la superficie de la France) s'étend sur le Sahara méridional, partiellement montagneux et volcanique (Tibesti), peu peuplé, domaine de l'élevage transhumant (bovin, ovin et caprin). Plus de la moitié de la population vit dans les vallées du Chari et du Logone (mil, arachide, coton). Le pays, enclavé, sans transports intérieurs, ruiné par la guerre civile, en conflit latent avec la Lybie voisine, est tributaire de l'aide internationale (France en tête).

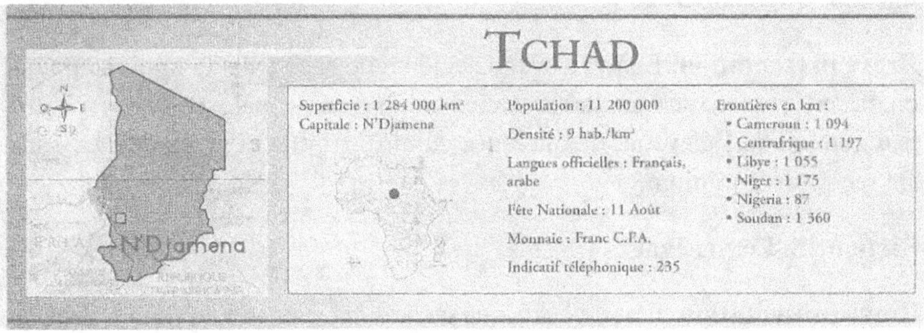

Carte n° 16. Source : Direction Générale du Trésor, République du Congo, Agenda, année 2013

Section 17. Le Togo

Brève présentation. Etat de l'Afrique occidentale, sur le golfe de Guinée. Pays de savanes, le Togo est essentiellement rural. Les exportations de produits agricoles (palmistes, café, cacao, coton) viennent loin derrière celles des phosphates du Lac Togo.

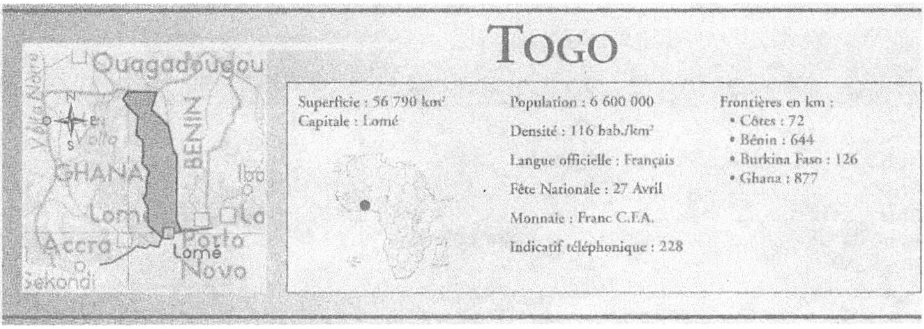

Carte n° 17. Source : Direction Générale du Trésor, République du Congo, Agenda, année 2013

CHAPITRE 2. LE ROLE DE L'AGRICULTURE DANS LE DEVELOPPEMENT ECONOMIQUE

Section 1. La fourniture des produits alimentaires et des matières premières agricoles

L'agriculture c'est la pratique par laquelle les hommes et des femmes domestiquent les processus écologiques pour produire certaines matières végétales ou animales utiles à la société. L'agriculteur sélectionne dans la nature les espèces, races, et variétés qui qui lui paressent intéressantes, et crée ensuite les conditions les plus favorables possibles à leur croissance et à leur reproduction. Pour ce faire, il est amené à modifier l'état du milieu physique (travail du sol, irrigation, épandage d'engrais...) et à éliminer les concurrents, parasites, ou prédateurs éventuels : herbes adventices,, insectes nuisibles, bactéries pathogènes, etc. Ce faisant, artificialisé et simplifie les écosystèmes, en y privilégiant certains flux de matières et d'énergie (absorption racinaire, évapotranspiration, photosynthèse...) et en les orientant préférentiellement vers la fourniture des biens qu'il convient d'obtenir : calories et protéines alimentaires, bois, pailles, fibres textiles, cuir, latex, parfums, huiles etc.

Les ressources susceptibles d'être affectées à la production agricole (terres, force de travail, matériel, produits chimiques...) ne sont généralement disponibles qu'en quantité relativement limitées, et il peut y avoir concurrence quant à leur emploi pour les diverses spéculations. Il appartient donc souvent aux politiques agraires de définir les priorités entre les différents produits agricoles à obtenir.

Nourrir la société est perçu comme essentiel dans un grand nombre de pays. On attend de l'agriculture qu'elle puisse fournir des aliments en quantité suffisante pour satisfaire les besoins d'une population généralement croissante. Mais il peut arriver que l'augmentation de la production agricole ne parvienne pas à suivre l'accroissement démographique. Le système agraire ne parvient pas à nourrir toute la population, ce furent les famines, les révoltes, les guerres, et les migrations vers le nouveau monde qui contribuèrent à amoindrie la pression démographique. Une situation comparable se reproduit de nos, jours dans plusieurs régions du Tiers Monde où l'importance de la croissance démographique met en évidence la nécessité de développer rapidement les productions vivrières pour mettre fin aux disettes.

Carte n° 18. L'évolution économique de l'Afrique Occidentale Française

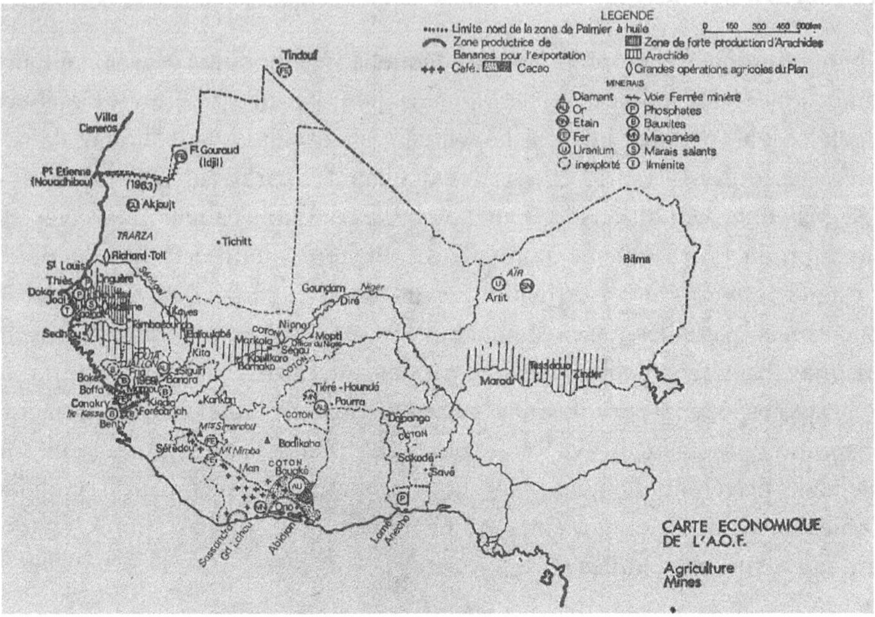

Carte économique de l'AOF en 1947. Source : Jean Suret-Canale, Afrique Noire : De la colonisation aux indépendances 1945-1960 (1). Editions sociales.

L'agriculture doit généralement produire davantage de nourriture que ce qui est strictement nécessaire aux exploitations agricoles et à leurs familles. Une part plus ou moins importante de la production est alors commercialisée. En permettant l'alimentation de l'ensemble des travailleurs, l'agriculture joue un rôle déterminant sur la croissance et le développement des autres secteurs de l'économie. Une production insuffisant peut se traduire par une forte augmentation des prix des produits alimentaires et induire ensuite des hausses salariales très importantes. C'est pourquoi les détenteurs de capitaux et les responsables de l'économie ont souvent intérêt à permettre et encourager l'accroissement rapide de la productivité agricole, afin d'obtenir les aliments aux moindres prix, abaisser au maximum le coût de la force de travail, et accroître ainsi leur propre capacité d'épargne et d'investissement.

L'agriculture joue aussi un rôle important comme fournisseur d'énergie et de matières premières à l'artisanat et à l'industrie : vannerie, tannerie, industrie textile, moulins, brasseries, industries pharmaceutiques, huileries, secteur du bâtiment, etc. Ici encore, le capital industriel peut avoir intérêt à une agriculture prospère pour s'approvisionner au moindre coût en matières premières d'origine agricole. Dans certains cas, les gouvernements n'hésitent pas à recourir aux importations à bas prix pour accélérer leur industrialisation.

Carte n° 19. L'évolution économique de l'Afrique Equatoriale Française et le Cameroun (1)

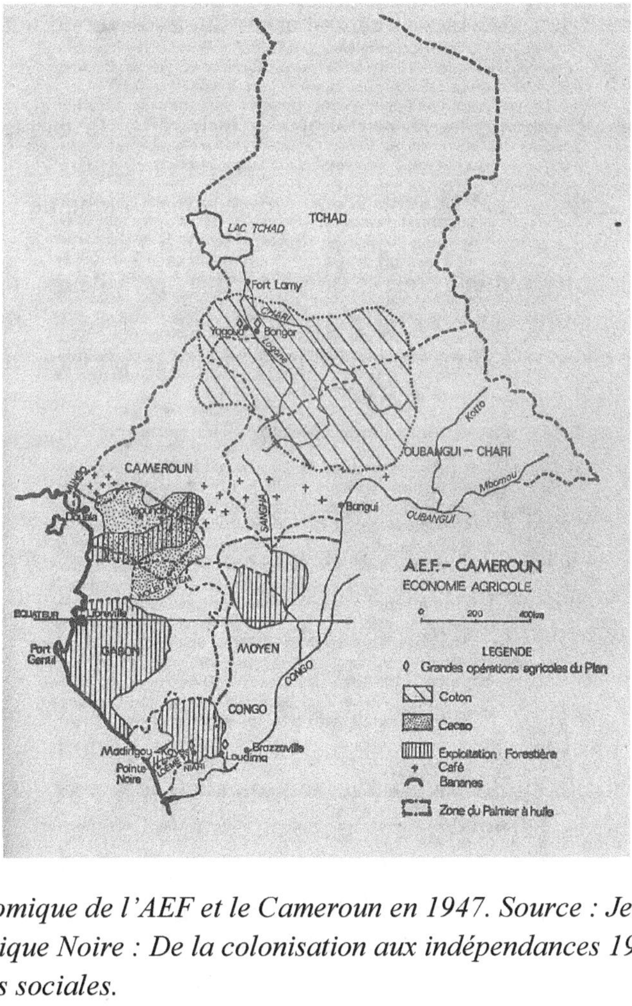

Carte économique de l'AEF et le Cameroun en 1947. Source : Jean Suret-Canale, Afrique Noire : De la colonisation aux indépendances 1945-1960 (1). Editions sociales.

Certains gouvernements du Tiers Monde essaient, aujourd'hui, des politiques semblables, au risque de mettre en danger la sécurité de leurs approvisionnement agricole, et sans toujours réussir à bâtir leur propre industrie, faute de pouvoir dégager le capital nécessaire à cet effet.

Section 2. La fourniture de capitaux

L'agriculture peut contribuer à pourvoir une grande quantité de capitaux aux autres secteurs de l'économie. A partir du moment où les techniques agricoles permettent d'obtenir d'importants surplus, au-delà de ce qui est nécessaire au aux besoins d'entretien des producteurs et de leurs familles, l'agriculture se trouve en mesure de fournir une épargne, dont une partie peut être transférée à des fins directement productives vers d'autres activités économiques.

Les mécanismes par lesquels ont lieu les transferts de capitaux vers les autres secteurs sont largement déterminés par les structures économiques et les rapports sociaux. L'Eta peut jouer un rôle important ne imposant les producteurs sous des formes diverses : impôts fonciers, impôts sur les revenus, livraisons obligatoires, réquisition des travailleurs, taxes sur les productions commercialisées. Le paiement de la rente foncière aux propriétaires terriens représente aussi un moyen de prélever une part non négligeable des richesses, d'origine agricole. Cette rente est rarement réinvestie dans l'agriculture et se dirige plutôt vers d'autres activités, immobilières, commerciales, industrielles. L'épargne que les banques parviennent à drainer auprès des exploitants les plus aisés n'est pas non plus toujours destiné à des investissements agricoles. De façon moins visible, les termes de l'échange entre produits agricoles et produits industriels peuvent être à l'origine de transferts considérables, lorsque les prix payés aux agriculteurs sont relativement bas, comparés à ceux des biens qu'ils doivent acheter. Pour une même somme d'argent, les quantités de travail échangées peuvent être très inégales : le rapport peut aller de 1 à 100 lorsqu'un paysan du Tiers Monde, dont les seuls outils sont manuels, échange ses productions contre des biens fabriqués en série dans des industries de pointe. Ces différents modes de prélèvement n'ont pas tous les mêmes effets sur le comportement des producteurs. L'impôt foncier peut inciter les agriculteurs à intensifier la production, de façon à bénéficier d'un minimum de revenus, une fois payée leur contribution. Mais des prix aux producteurs beaucoup plus bas et des prélèvements proportionnels à la récolte peuvent avoir au contraire avoir des effets dissuasifs.

L'agriculture peut être source de devises quand une part de sa production est exportée. Dans les pays du Tiers Monde où l'artisanat ou l'industrie traditionnelle n'ont pas toujours pu résister à la concurrence des pays industriels, les exportations agricoles revêtent une importance primordiale pour financer les importations en produits manufacturés. Secteur prédominent de tous ceux des pays du Tiers Monde qui ne possèdent pas de minerais exportables, l'agriculture fournit l'essentiel des devises avec lesquels ces mêmes pays tentent aujourd'hui de s'équiper en moyen de production industrielle. Mais les différences de productivité avec les pays industrialisés sont souvent telles que les efforts à fournir apparaissent démesurés : notamment sont désormais les pays pour lesquels les exportations agricoles servent surtout au remboursement de la dette extérieure…

Carte n° 20. L'évolution économique de l'Afrique Equatoriale Française et le Cameroun (2)

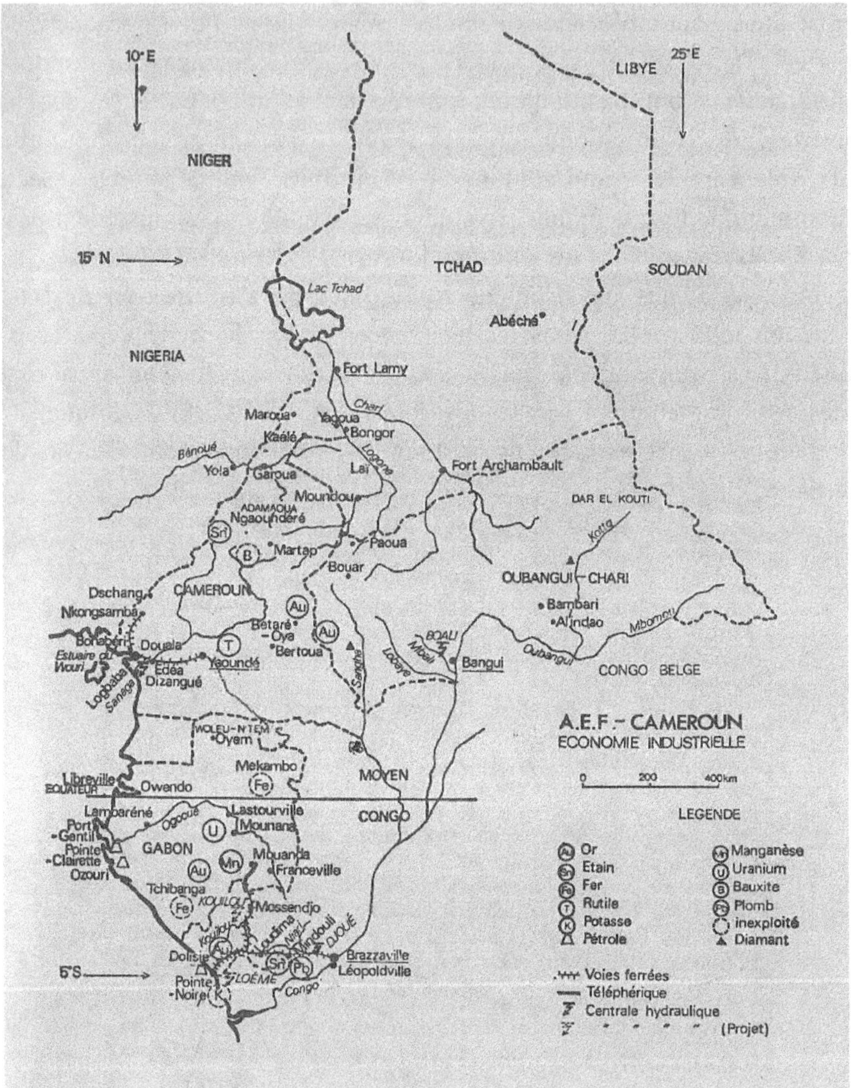

Carte de l'économique industrielle de l'AEF et le Cameroun en 1945. Source : Jean Suret-Canale, Afrique Noire : De la colonisation aux indépendances 1945-1960 (1). Editions sociales.

Les politiques agricoles visent souvent à définir les modalités et l'intensité des prélèvements des capitaux opérés sur le secteur agricole. Les transferts en provenance de l'agriculture atteignent parfois des niveaux tels que les capitaux qui restent pour les investissements agricoles s'en trouvent réduits à l'extrême. L'agriculture n'a plus alors les moyens d'accroître sa productivité. Le problème se pose de savoir si 'épargne transféré dans les autres secteurs est investie avec un taux d'efficacité du capital supérieur à ce qu'il serait dans l'agriculture. Nombreux sont les cas où l'épargne agricoles sert en fait à entretenir des classes ou couches sociales non directement productives.

Section 3. Le réservoir de main-d'œuvre

L'un des principaux transferts de l'agriculture vers les autres secteurs d'activité concerne la main d'œuvre. Qu'il s'agisse de migrations temporaires ou définitives, l'agriculture fournit régulièrement des hommes en âge de travailler pour la croissance et le développement des autres branches de l'économie.

Ainsi, par exemple, en Europe, l'accroissement de la productivité qui suivit la mise en culture des terres auparavant laissées en jachère permit à de nombreux travailleurs de quitter l'agriculture pour se consacrer à d'autres tâches (artisanales, ouvrières, commerciales...), tout en étant assurés de pouvoir être nourris et vêtus en échange de leur travail grâce aux progrès constants de la production agricole. Ces sont les paysans les plus pauvres qui s'en allèrent les premiers : ceux qui ne purent investir suffisamment pour se conformer aux nouvelles exigences techniques et perdirent ainsi leur compétitivité. L'exode rurale contribua à renforcer les effectifs du prolétariat dont avait précisément besoin les nouvelles industries. Tant bien que mal, à des rythmes variables selon les pays, malgré de nombreuses crises économiques, ce mouvement s'est poursuivi jusqu'à nos jours grâce à la mécanisation et à la motorisation de l'agriculture. La population active agricole européenne n'est plus aujourd'hui que résiduelle : moins 3% de la population active globale de la Grande-Bretagne.

Carte n° 21. L'évolution des investissements en Afrique Equatoriale Française et en Afrique Occidentale Française

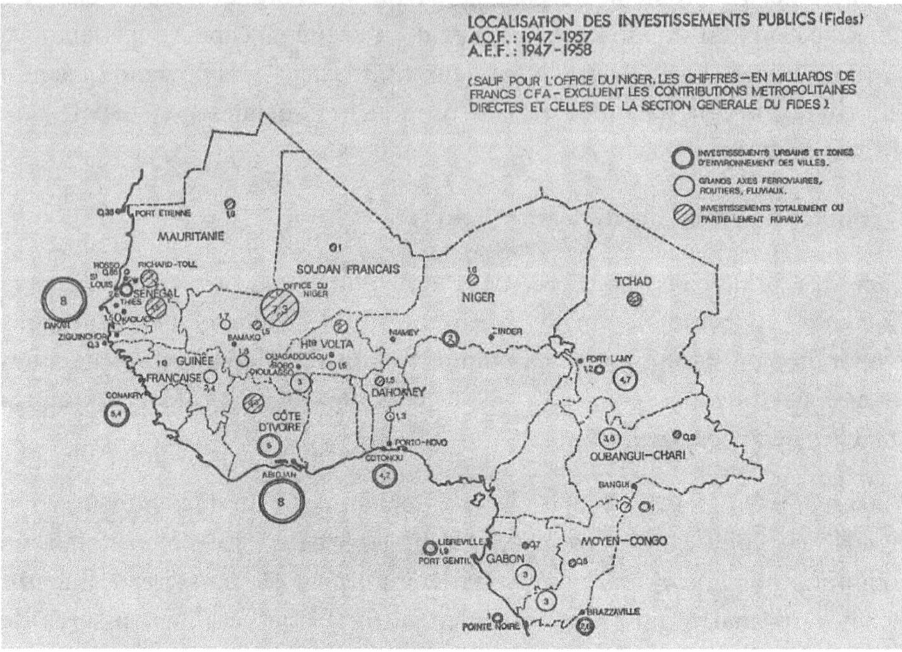

Carte de localisation des investissements publics de l'AEF et de l'AOF en 1947. Source : Jean Suret-Canale, Afrique Noire : De la colonisation aux indépendances 1945-1960 (1). Editions sociales.

Un mouvement similaire se dessine aujourd'hui dans les pays de l'espace OHADA où l'exode rurale se manifeste désormais à un rythme accéléré. Mais les conditions sont ici très différentes. Soumis en peu de temps à la concurrence des pays industrialisés, les systèmes agraires des pays de l'espace OHADA ne parviennent que rarement à garantir des revenus décents aux producteurs. Seules quelques spéculations spécifiquement tropicales (café, cacao, thé, caoutchouc, maïs,...) bénéficient d'une relative protection et peuvent ainsi parfois assurer des rémunérations plus élevées. Nombreux sont les paysans qui ne parviennent pas à entretenir et à renouveler leur moyens de production (foncier, cheptel, outils...) et se retrouvent contraints de migrer vers les villes à la recherche d'hypothétiques emplois. Faute d'une industrie florissante, ces derniers restent souvent précaires et peu nombreux. L'exode rural contribue alors surtout à grossir les rangs des chômeurs dans les bidonvilles.

Carte n° 22. La typologie des pays selon le niveau de leurs ressources naturelles et de revenus

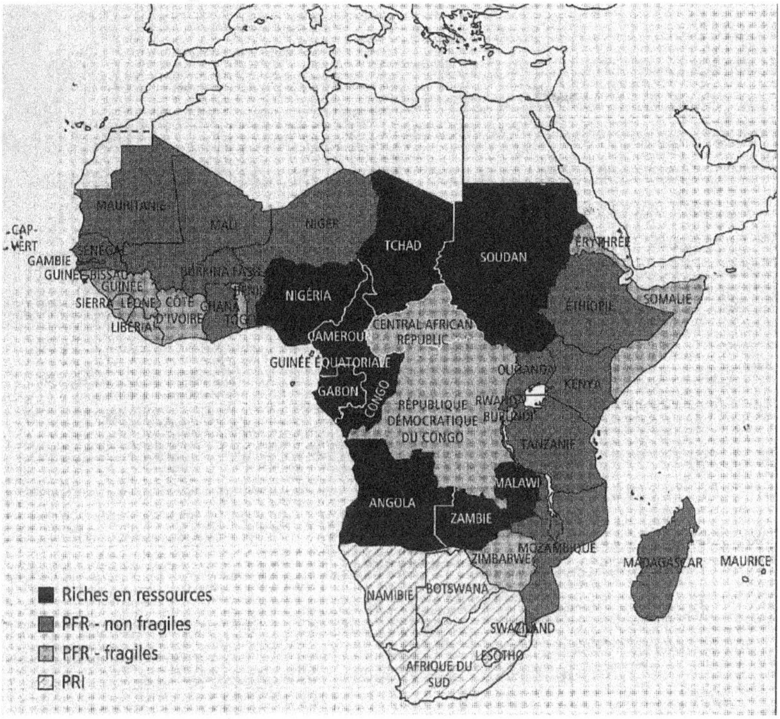

Source : Briceno-Gamendia, Smits et Foster 2008

- *Les pays à revenus intermédiaires ont un PIB par habitant compris entre 745 dollars EU et 9206 dollars EU. C'est notamment le cas du Mali, du Burkina-Faso, du Tchad, du Niger ;*
- *Les pays riches en ressources sont des pays à faible revenu dont les comportements sont fortement affectés leur capital en ressources naturelles (Collier et O'Conneil 2006, FMI 2007). Les pays riches en ressources dépendent généralement des minéraux, du pétrole ou des deux. Un pays est qualifié de riche en ressources lorsque les rentes produites par des produits primaires excèdent 10% du PIB. Parmi les pays riches en ressources figurent le Cameroun el le Gabon;*
- *Les Etats fragiles sont les pays à faible revenu confrontés à des défis de développement particulièrement sérieux tels qu'une mauvaise gouvernance, une capacité administrative limitée, la violence ou les suites d'un conflit. Différentes organisations ont défini des*

politiques et approches pour ces Etats fragiles au moyen de critères et de termes différents. Les pays qui obtiennent un résultat inférieur à 3,2 à l'Evaluation des performances politiques et institutionnelles par pays de la Banque mondiale appartiennent à ce groupe. Dans l'espace OHADA, ces pays sont : la Côte-d'Ivoire, la République du Congo, la République Démocratique du Congo ;

- *Les autres pays à faible revenu rassemble le reste des pays dont le PIB par habitant est inférieur à 745 dollars EU et qui ne sont ni riches en ressources ni fragiles. Dans l'espace OHADA, nous pouvons citer le Bénin, le Sénégal, le Togo, la République Centrafricaine*

Les politiques agricoles peuvent contribuer à ralentir ou à accélérer l'exode rural selon l'évolution du marché de l'emploi. Le maintien d'un grand nombre d'actifs agricoles peut se justifier lorsque la main-d'œuvre qui se retire de l'agriculture ne parvient pas à s'employer ailleurs. Du point de vue de l'intérêt général, la productivité du travail ne doit pas se mesurer qu'au regard de la population active, mais prendre en compte l'ensemble de la population en âge de travailler, chômeurs inclus.

Section 4. Les débouchés pour les produits industriels.

Dans les pays où l'agriculture emploie une part importante de la population active, le pouvoir d'achat des agriculteurs représente un élément essentiel au développement du marché des biens industriels. A partir du moment où une fraction de leur production agricole est commercialisée, les paysans se trouvent en mesure d'acheter les produits de l'industrie. L'augmentation des revenus agricoles peut élargir la demande en produits de consommation courante (tissus, vêtements, chaussures, savons, ...) et stimuler les industries correspondantes. Dans les pays de l'espace OHADA où les revenus agricoles ne cessent aujourd'hui de stagner à des niveaux très bas, les industries destinées au marché intérieur des biens de consommation éprouvent au contraire de grosses difficultés à fonctionner à pleine capacité du fait de trop faibles débouchés. Lorsqu'une augmentation de des rendements agricoles permet de réduire cet obstacle, l'industrialisation peut faire des progrès rapides.

Tableau n°1. Commerce extérieur par pays en 2007 (en milliards de FCFA)

Pays/Années	**2006**	**2007**
Bénin	9,37	2,16
Burkina Faso	9,46	3,28
Cameroun	10,037	6,21
Centrafrique	4,31	3,7
Comores	5,7	4,2
Congo	9,76	2,14
Côte-d'Ivoire	10,466	6,22
Gabon	6,76	2,88
Guinée-Conakry	5,9	3
Guinée Bissau	8,47	1,16
Guinée Equatoriale	5,26	3,22
Mali	7,96	2,11
Niger	8,99	1,07
Tchad	1,03	1,03
Togo	7	10
Sénégal	14,676	6,31
RDC	12	10

Source : Programme/Projet de Développement Rural Intégré (PDRI) 2007

N.B. Ce tableau montre combien le commerce des pays membres de l'OHADA avec l'extérieur n'est pas prospère

L'évaluation du pouvoir d'achat des exploitants agricoles peut se manifester aussi par une demande accrue en moyens de production d'origine industrielle (machines, engrais, bâtiments d'élevage…) destinés à augmenter encore davantage la productivité des exploitations. L'agriculture offre alors un vaste débouché aux produits des usines sidérurgiques, des industries chimiques, des cimenteries, des entreprises de mécanique, etc. La mécanisation, la motorisation et la chimisation de l'agriculture ont ainsi fortement contribué à l'essor de l'industrie lourde européenne au XIX et XXe siècle.

Carte n° 23. Les besoins en investissements

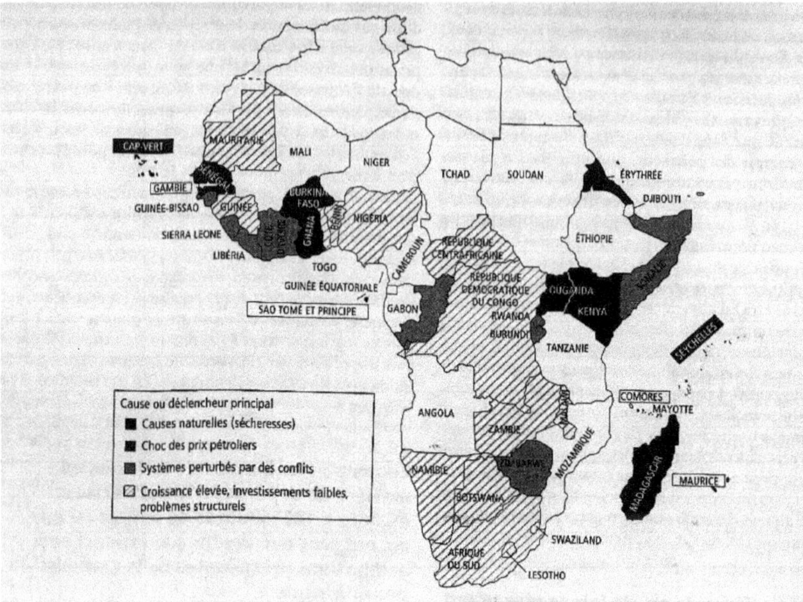

Les causes sous-tendant les besoins de dépenses d'investissements (Source : Eberhard et coll. 2008)

N.B. Environ 40% du total des besoins de dépenses ont trait à l'énergie, reflétant ainsi les déficits particulièrement élevés de la région. Environ un tiers des besoins d'investissement dans l'énergie (quelques 9 milliards de dollars EU par an) est associé au stockage eau à usage multiple pour la gestion de l'énergie hydraulique et des ressources en eau. Après l'énergie, l'alimentation en eau et l'assainissement suivis des transports sont les postes de dépense les plus importants.

Les effets que peuvent exercer les gains de la productivité agricole sur l'élargissement du marché de produits industriels dépendent étroitement des rapports sociaux qui président à la redistribution des revenus agricoles : tailles différentes des exploitations, importance de la rente foncière, rapport des prix, prélèvement d'impôts, etc. Les industries peuvent avoir intérêt à des marchés relativement homogènes de façon à produire d'emblée leurs biens à grandes échelle. Mais cela n'est possible que si les revenus agricoles sont partagés de façon plutôt égalitaire. Les fortes inégalités sociales qui prédominent dans les campagnes de certains pays de l'espace OHADA, du fait d'un accès très différencié à la terre, sont autant d'obstacles à une industrialisation rapide. Les politiques agricoles qui œuvrent pour la justice sociale sont alors aussi souvent c elles qui favorisent le développement économique.

Les divers rôles joués par l'agriculture se révèlent contradictoires. La fourniture des capitaux à l'industrie se fait toujours aux dépens de l'augmentation immédiate du pouvoir d'achat des exploitations et de leur capacité à réinvestir dans la production agricole. Le marché des produits industriels peut s'en trouver considérablement réduit. Les politiques agricoles ont donc pour objectif essentiel d'organiser la répartition des gains de productivité des agriculteurs entre l'élévation de leur niveau de vie, la modernisation de l'agriculture, et les transferts des capitaux vers les autres secteurs d'activité. Les arbitrages sont fonction de la capacité des différents intérêts concernés à faire valoir les revendications.

CHAPITRE 3. LES DIFFERENTS TYPES D'EXPLOITATIONS AGRICOLES

Selon les époques et les endroits, l'agriculture met en jeu des techniques plus ou moins sophistiquées, coûteuses et productives. La croissance agricole et l'augmentation de la productivité peuvent se faire, selon les cas, par l'extension des superficies exploitées ou par l'élévation des rendements ou de la production à l'hectare.

Les systèmes de production mis en œuvre ne sont pas seulement fonction des innovations techniques préalables et des connaissances dont font preuve les agriculteurs. Elles dépendant aussi étroitement des moyens de production disponibles, et des objectifs économiques poursuivis par les exploitants pour améliorer leurs conditions d'existence : garantir l'autosubsistance, maximiser les revenus à l'hectare, accroître la rémunération par heure de travail, rentabiliser le capital investi, etc. Les exploitants agricoles adoptent des attitudes très différentes selon les rapports de production et d'échange auxquels ils sont soumis. Les critères économiques qu'ils essaient d'optimiser dépendent étroitement de la tenure de la terre, des rapports de prix, des conditions de crédit, de l'accès aux moyens de production, des opportunités d'emplois et de revenus en dehors de la sphère agricole, etc. D'une façon générale, l'agriculteur s'efforce de valoriser au minimum les ressources dont il dispose en relativement moins grande quantité. Mais, face à des aléas divers (climat, marché...) et à des situations de grande vulnérabilité (endettement, hypothèques...), il peut avoir aussi intérêt à minimiser les risques et accroître sa marge de sécurité.

Pour ne pas être condamné à l'échec, les politiques agricoles doivent créer les conditions qui fassent en sorte que les agriculteurs aient effectivement intérêt à poursuivre les objectifs qui leur sont proposés. Les mesures à prendre varient selon les types d'exploitation agricoles.

Section 1. Les exploitations pour l'autosubsistance

Les agriculteurs des régions très isolées sont enclins à produire surtout pour leur autosubsistance.. Les coûts de transport et les difficultés d'approvisionnement les incitent à ne pas se spécialiser dans les productions marchandes et à ne pas trop avoir recours aux intrants d'origine industrielle. Les exploitations s'appuient alors essentiellement sur les mécanismes de la photosynthèse et de la fixation biologique de l'azote de l'air pour produire les calories et les protéines alimentaires nécessaires à la consommation familiale.

Ainsi en est-il des régions montagneuses les plus reculées du Tchad et du Cameroun. Les paysans y possèdent volontiers élevage, fermiers et polycultures vivrières. Les productions y sont diversifiées à l'extrême : céréales, tubercules et légumineuses alimentaires couvrant la presque totalité des surfaces cultivées. La dispersion des parcelles d'une même exploitation sur différents étages écologiques permet souvent de récolter à tout instant des produits complémentaires du point de vue nutritionnel. Les résidus de cultures sont presque toujours recyclés soit directement comme engrais vert, à travers l'existence d'un petit élevage : porcs, volailles, lapins, cochons d'huile...L'emploi des engrais et des produits phytosanitaires est très réduits. La marchandise la plus communément vendue reste la force de travail. Celle-ci se déploie aisément, lors des grandes migrations temporaires de la saison sèche, pour récolter le café ou le coton.

Carte n° 24. Le problème de la sécurité de l'eau

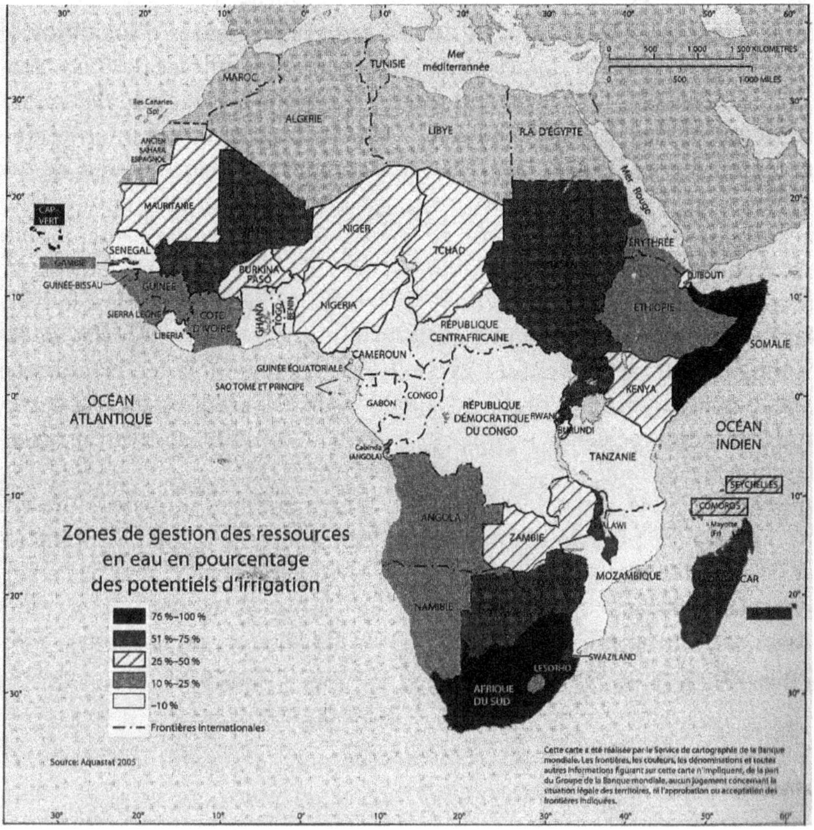

Le potentiel d'irrigation par pays, Source : Europe et Asie centrale (ECA), 2006.

N.B. Arriver à la sécurité dans le domaine de l'eau est une condition préalable pour attirer les investissements et promouvoir la croissance économique dans l'espace OHADA. Pour garantir une sécurité de base de l'eau dans un pays, il faut un minimum d'infrastructures et de capacités institutionnelles (Grey et Sadoff 2006b). La sécurité de l'eau est la capacité d'un pays à fonctionner de manière productive malgré sa vulnérabilité intrinsèque dans le domaine de l'eau. La sécurité de l'eau d'un pays dépend à la fois de ses modèles intrinsèques d'offre et de la demande d'eau et de sa capacité à affronter sa vulnérabilité dans le domaine de l'eau. Elle constitue une condition préalable au maintien et à l'augmentation de la rentabilité des investissements ainsi qu'à la réalisation d'une croissance économique dynamique.

Plus une économie est vulnérable face à la sécurité de l'eau, plus lourd est l'investissement nécessaire pour atteindre la sécurité de l'eau. Si un pays ne peut pas garantir la sécurité de l'eau, il n'arrivera pas à résister aux crises liées à l'eau et n'aura pas une alimentation en eau fiable.

Au Bénin, Cameroun, au Togo et en Côte-d'Ivoire où une part non négligeable des récoltes est cependant commercialisée, les systèmes de production pratiqués par les petits paysans visent aussi à produire le maximum de vivres pour l'autoconsommation, en ayant le moins possible recours aux services des boutiquiers. Habitués depuis déjà longtemps aux échanges marchands, mais soumis aux multiples pressions des commerçants et des usuriers, le paysan actuel cherche désespérément à se soustraire à ces échanges. Le caféier qui était autrefois la culture de rente, est ainsi en constance régression. Les fluctuations des prix entre le moment où l'agriculteur, dont les moyens de stockage sont très réduits, vend sa récolte, et celui où il est parfois contraint de racheter des vivres pour sa subsistance, sont généralement très amples : de un à trois dans la même année pour les haricots. Le fait de risquer d'obtenir même une seule fois une récolte insuffisante pour pallier aux besoins de sa famille, peut s'avérer dramatique (endettement, hypothèque, cessions de parcelles, famine…). Son intérêt est donc de se prémunir contre les risques de récolte catastrophique. C'est ce qui explique qu'il volontiers les systèmes de cultures associées se traduisant par la présence simultanée sur le même terrain de plusieurs espèces végétales cultivées, très différentes du point de vue de leur comportements physiologiques. La multiplicité des espèces ou variétés conduit à une diminution des risques, toutes les plantes n'étant affectées de la même façon par les aléas climatiques ou phytosanitaires. La volonté délibérée de cultiver des parcelles en des lieux différents, et très éloignés, répond aussi à cette préoccupation de disperser les risques pour les cas où interviennent des accidents quelconques.

Section 2. Les exploitations familiales marchandes

Lorsque les superficies, le matériel et les techniques permettent aux agriculteurs de produire plus de vivres que ce qui est strictement nécessaire pour satisfaire les besoins de leur famille, une part plus ou moins importante de la production excédentaire peut être commercialisée. Les exploitants ont alors intérêt à développer davantage les activités pour lesquelles les coûts et les prix à la production leur sont les plus favorables.

Mais lorsque les superficies et les moyens de production sont très limités, le repli sur les productions vivrières pour l'autoconsommation ne s'impose pas toujours. Si les conditions de prix sont favorables aux spéculations commerciales, et si l'approvisionnement en vivres peut être assuré de façon stable et permanente jusqu'aux abords des exploitations, les petits paysans peuvent avoir intérêt à se spécialiser dans une ou quelques productions marchandes pour lesquelles les conditions écologiques sont particulièrement propices. Il en est ainsi, par exemple, dans les petites exploitations paysannes de régions caféières du Cameroun, du Bénin du Togo, du Niger et de la Côte-d'Ivoire : les agriculteurs se consacrent presque exclusivement à la culture des caféières depuis que les établissements d'Etat spécialisés leur garantissent un écoulement de leur café à des prix garantis relativement avantageux et leur assurent un approvisionnement en produits alimentaires à des prix subventionnés. L'exploitation familiale marchande constitue aujourd'hui la forme d'organisation agricole la plus répandue en Afrique.

Tableau n°2. Situation des exploitations capitalistes avec salariés en % en 1986

Pays /Secteurs	Agrumes et légumes	Manioc	Coton	Cacao/Café
Bénin	4	4	5	3
Haute-Volta	5	3	3	2
Cameroun	8	6	7	3
Centrafrique	2	3	1	1
Comores	2			
Congo		2		
Côte-d'Ivoire	9	8	4	15
Gabon	3	1		1
Guinée-Conakry	2	1	3	2
Guinée Bissau	1		1	
Guinée Equatoriale	1		1	3
Mali	4		4	4
Niger	5		3	2
Tchad	1	1		1
Togo	3	2	3	4
Sénégal	4	3		4
Zaïre	11	12	6	8

Source : Organisation des Nations-Unies pour l'Alimentation et l'Agriculture (FAO) 1987

N.B. Ce tableau montre le niveau bas des rendements des exploitations capitalistes salariés.

Les exploitants qui disposent de relativement peu de surface et qui n'ont pas d'autres possibilités d'emplois à l'extérieur de leurs exploitations, ont intérêt à choisir des systèmes de production intensifs qui leur permettent de maximiser les revenus monétaires à ; l'unité de surface. Cs agriculteurs utilisent au maximum leur propre force de travail familiale, dont le coût d'opportunité est considéré comme nul. Il n'est donc pas toujours de leur intérêt de substituer des machines à cette main-d'œuvre dans la mesure où ces dernière peuvent être coûteuses et où la force de travail ne trouve pas à s'employer ailleurs : la décision dépend alors des accroissements de production rendus possibles du fait que les travaux peuvent être ainsi, améliorés. L'achat d'intrants d'origine industrielle peut s'avérer utile tant que l'accroissement de production se manifeste par une recette supérieure au prix des intrants. L'apport d'engrais ou de pesticides dépend alors étroitement du rapport des prix entre les productions agricoles et les produits achetés.

La conduite des systèmes de cultures et d'élevage chez les petits producteurs marchands varie considérablement selon les modes de tenure de la terre. Le faire-valoir direct est souvent favorable aux investissements à long terme et aux améliorations foncières, dans la mesure où les agriculteurs peuvent espérer profiter plus tard du fruit de leurs efforts. Mais les capitaux immobilisés dans l'achat du foncier peuvent limiter fortement les possibilités de financer des investissements plus directement productifs : achat de matériel, construction de bâtiments d'élevage, irrigation, etc. Les paysans qui, exploitent leurs propres parcelles peuvent avoir intérêt, à fumer leurs terres, pratiquer les techniques antiérosives, entretenir les brise-vents. Les fermies, par contre, ne sont disposés à de tels efforts que si les baux de suffisamment longue durée. Dans le cas contraire, il est vain de leur demander des investissements qui ne soient pas immédiatement rentables. En Afrique occidentale française, où les redistributions périodiques de terres sont une pratique courante, les agriculteurs qui n'exploitent des parcelles que pour de très courtes périodes sont réticents à améliorer le foncier par des fumures de fond, des plantations pérennes, ou des banquettes en courbe de niveau.

Les aménagements hydro-agricoles ne fonctionnent que pour une faible part de leur capacité lorsque les paysans en tenure précaire de récurer les canaux et d'entretenir les périmètres irrigués. Le métayage peut faire obstacle, lui aussi, à l'emploi des techniques plus productives, même lorsque les terres sont cédées pour une longue durée, dans la mesure où les recettes sont amputées de la part qui revient aux propriétaires fonciers. C'est ainsi qu'au Togo, avant la révolution verte, les petits métayers des régions caféières et cacaoyères qui étaient contraints de fournir la moitié de leur production aux propriétaires, n'avaient aucun intérêt à fertiliser les plantations puisqu'au partage des récoltes, l'accroissement des recettes que procurait l'apport d'engrais ne permettait jamais de couvrir les frais correspondants, après que le produit des ventes eut été diminué de moitié.

Lorsque les surfaces sont relativement abondantes, eu égard à la main-d'œuvre familiale disponible, les exploitants visent essentiellement à maximiser leurs revenus par heure de travail investie. Les systèmes de production les plus intensifs ne sont alors que très rarement les plus intéressants dans la mesure où ils exigent souvent plus de travail par unité de surface. Ainsi par exemple, Au Gabon, au Congo-Brazzaville et à la Centrafrique où la pression démographique est encore faible, les agriculteurs préfèrent travailler à l'accroissement des superficies cultivées plutôt qu'à l'augmentation de rendements. La productivité maxima du travail est assurée par l'occupation la plus large possible de l'espace. Les systèmes de cultures sur brulis en rotation avec de longues friches arbustives ou forestières répondent à cette préoccupation, de même que l'élevage pastorale transhumant pratiqué par les paysans.

Les paysans Mbochi du Congo-Brazzaville, à qui se présentent des possibilités d'emplois en dehors de leurs exploitations sont à même de comparer leurs revenus agricoles avec ceux qu'ils gagnent (ou gagneraient) à l'extérieur. Le paysan n'a alors intérêt à investir sa propre force de travail familiale dans l'exploitation que dans les limites où sa rémunération par heure de travail est au moins égale à celle des emplois extérieurs. Quand cette dernière est relativement élevée, l'agriculteur a tendance à délaisser quelque peu son exploitation.

Section 3. Les exploitations capitalistes avec salariés

Lorsque pour mettre en valeur l'ensemble des terres disponibles, un exploitant agricole doit recourir à l'achat de force de travail salarié ou à l'emploi de moyens de production coûteux, le problème se pose de savoir à quels types d'investissements consacrer l'argent ou sa possession. L'emploi de main-d'œuvre représente désormais un coût. Il ne fait donc appel à des travailleurs que dans la mesure où l'accroissement de revenus qu'ils provoquent dépasse le montant des salaires et des charges sociales. L'exploitant capitaliste vise alors à rentabiliser au mieux son capital. Il opte pour les systèmes de production qui lui permettent de maximiser son taux de profit. Le choix des spéculations et des techniques dépend alors des rapports de prix en vigueur.

Il peut arriver que les exploitants capitalistes aient mieux à faire que d'investir leur capital dans l'intensification agricole. Lorsque les rapports de prix et la productivité du travail sont plus favorables dans d'autres secteurs d'activité, les intéressés n'hésitent pas à y placer leurs capitaux, quitte à avoir des comportements absentéistes sur leurs exploitations. Ils mettent alors en œuvre des systèmes de production extensifs faisant appel à peu de main d'œuvre et n'exigeant pas trop de capitaux. C'est ainsi que se comportent certains agriculteurs qui préfèrent investir l'essentiel de leurs capitaux dans le commerce ou la spéculation immobilière. Leurs systèmes d'élevage bovins extensifs requièrent peu d'effort et de moyens. Les animaux de tous âges sont laissés à, eux-mêmes sur de très vastes surfaces à raison d'un animal environ pour 4 ha. Accroître la charge animale an pratiquant le pâturage tournant avec des lots d'animaux homogènes sur des parcelles soigneusement clôturées ne rentabiliserait pas suffisamment les capitaux investis en main-d'œuvre et en clôtures. Seules des exploitations familiales, capables de supporter des taux de rémunération du capital inférieur à ceux des exploitations capitalistes, pourraient alors permettre une véritable intensification.

Tableau n°3. Effectifs industriels en % par pays en 2007

Pays /Secteurs	Alimentaires	Industrie	BGC	Tertiaire
Bénin	2	1	2	1
Haute-Volta	3		4	2
Cameroun	5	4	6	3
Centrafrique	1	2	1	1
Comores	1	2		
Congo	1	2	3	2
Côte-d'Ivoire	7	6	6	4
Gabon	1	1	2	1
Guinée-Conakry	1	1	2	2
Guinée Bissau	1		1	
Guinée Equatoriale	1		2	3
Mali	2	1	2	1
Niger	2		1	2
Tchad	1	1	1	1
Sénégal	4	3	4	4
Zaïre	8	6	5	5

Source : Programme/Projet de Développement Rural Intégré (PDRI) 2007

N.B. Ce tableau montre, par secteur des branches agricoles, le niveau très faible des industries dans la région

Section 4. Les coopératives de production

Des agriculteurs de familles différents peuvent vouloir s'associer pour acquérir ou mettre en commun la terre et les moyens de production agricoles, de façon à cultiver ensemble un terrain, ou gérer collectivement un troupeau.

Ce type d'association e justifie souvent par le fait que certains moyens de production se révèlent difficilement maîtrisables à titre individuel. L'expérience montre, par exemple, que dans de nombreux aménagements hydro-agricoles très largement sous-utilisés lorsqu'apparaissent des différends entre agriculteurs pour ce qui est du partage de l'eau d'irrigation. Il est souvent de l'intérêt des producteurs de se mettre d'accord sur un calendrier précis de distribution de l'eau à travers les différents canaux, et de programmer les travaux agricoles en conséquence.

Mais pour éviter que certains agriculteurs ne soient lésés, moindres récoltes pour les derniers servis, et que n'apparaissent des conflits irrémédiables, les paysans peuvent décider d'exploiter le tout en commun et se partager ensuite les produits en fonction du travail et des moyens de production apportés par chacun. C'est pourquoi au Cameroun, au Togo et au Bénin des bénéficiaires de la réforme agraire, pour qui on envisageait de partager les exploitations de coton n'ont pas hésité de fermer les coopératives sur les terres qui leur ont été allouées.

Les coopératives de production sont théoriquement des associations de paysans libres et égaux. Ce sont des exploitations collectives, gérées par les coopérateurs, pour leurs propres bénéfices. L'assemblée générale est souveraine. Chaque adhérent n'y dispose que d'une seule voix, à égalité avec tous les autres membres, quel que soit son apport en capital. L'adhésion à la coopérative est libre, ce qui signifie, en principe, que chaque coopérateur conserve la liberté d'en sortir.

La rémunération des adhérents dépend directement des résultats obtenus par la coopérative. Une fois constituées les provisions et les réserves pour amortissements, investissements, formation ou services sociaux, les excédents obtenus en fin d'exercice comptable sont partagés au prorata de la quantité et de la qualité du travail fourni par chacun des membres.

Les avances sur les revenus peuvent être distribuées aux coopérateurs tout au long du cycle agricole. La coopérative peut louer parfois aux adhérents la terre et les moyens de production mis à sa disposition par les divers membres. Les revenus des coopérateurs dépendent alors aussi, pour un en part, du capital investi par chacun. L'accroissement progressif du capital propre de la coopérative tend cependant à, réduire chaque jour davantage la proportion des revenus distribués à ce titre. Tant et si bien que les adhérents sont progressivement incités à ne plus jamais en sortir.

Tableau n°4. Situation des coopératives agricoles en % en 1986

Pays /Secteurs	Agrumes et légumes	Manioc	Coton	Cacao/Café
Bénin	2	1	4	2
Haute-Volta	3		4	2
Cameroun	5	4	7	5
Centrafrique	1	2	1	2
Comores	2			
Congo	1	2		2
Côte-d'Ivoire	7	6	8	11
Gabon	1	1		1
Guinée-Conakry	2	2	2	2
Guinée Bissau	1		1	1
Guinée Equatoriale	1		2	2
Mali	2	1	3	2
Niger	2		3	2
Tchad	1	1	2	3
Togo	3	2	4	4
Sénégal	4	3	4	5
Zaïre	8	6	8	9

Source : Organisation des Nations-Unies pour l'Alimentation et l'Agriculture (FAO) 1987

N.B. Ce tableau montre que les pays membres de l'OHADA n'ont pas la culture des exploitations collectives.

Des contradictions ne manquent pas de surgir au sein même des coopératives lorsque la spécialisation et la répartition des tâches aboutit des rémunérations très hiérarchisées. Les adhérents peuvent alors ne pas avoir tous intérêt à mettre en œuvre les mêmes techniques, ni les mêmes systèmes de production, chacun cherchant à privilégier les travaux pour lesquels il est qualifié. De graves problèmes se posent aussi, lorsque, pour maximiser leurs revenus familiaux, certains coopérateurs s'efforcent de faire employer leurs enfants comme ouvriers salariés dans la coopérative : des désaccords apparaissent entre ceux qui ont intérêt à mécaniser les tâches pour accroître la productivité du travail et bénéficier du maximum d'excédent en fin de campagne, et ceux qui souhaitent au contraire utiliser le plus possible de main-d'œuvre pour fournir de l'emploi aux membres de leurs familles. Le fonctionnement des coopératives peut se trouver compliqué, enfin, lorsque des adhérents continuent d'avoir en propre d'autres lopins ou d'autres activités à l'extérieur. Certains intérêts individuels peuvent alors aller à l'encontre de l'intérêt collectif.

Dans un très grand nombre de pays à économie planifiée, les coopératives de production sont considérées comme un instrument privilégié de la construction du socialisme dans les campagnes. Elles doivent alors permettre d'accroître la productivité agricole, grâce notamment à d'importantes économies d'échelle, tout en évitant l'apparition ou l'accentuation des différenciations sociales au sein de la paysannerie. Mais toutes les coopératives de production ne sont pas le fait des pays se réclamant du socialisme. De telles formes d'organisation existent aussi depuis longtemps, à côté des exploitations familiales, dans certains pays membres de l'OHADA : Béni, Congo, Cameroun, Togo etc. Chez les peuples Bembé et Kongo du Congo-Brazzaville, ces coopératives représentent même une forme très poussée de collectivisation, puisque les règles communautaires ne concernent pas seulement la production, mais s'étendent aussi à presque tous les aspects de la vie (repas, hébergement, distractions…). Mais il n'en reste pas moins que la production agricole, dans ce pays est encore loin d'atteindre le cadre d'une économie de marché.

Section 5. Les fermes d'Etat

Certains gouvernements peuvent vouloir intervenir sur l'agriculture par le biais d'exploitations gérés directement par les pouvoirs publics. Les producteurs sont alors des salariés de l'Etat dont la rémunération est, sauf prime éventuelle, indépendante des résultats obtenus sur l'exploitation. Le choix des systèmes de production mis en œuvre dans les fermes d'Etat dépend surtout des objectifs poursuivis au niveau de la société toute entière. L'efficacité d'une ferme d'Etat ne se juge donc pas tant au vu des seuls résultats comptables observés au niveau de l'exploitation, qu'en mesurant sa contribution du point de vue de l'ensemble de l'économie nationale. Ainsi prend-on alors en compte des éléments de coûts et de bénéfices, qui échappent à l'exploitation proprement dite, mais n'en sont pas moins des charges ou des apports pour la société : manque à gagner du fait de l'emploi des ressources rares, moindre frais de déplacement pour les travailleurs, etc. L'existence d'un déficit comptable n'est donc pas nécessairement le signe d'une mauvaise gestion. Les subventions de l'Etat destinées à combler le déficit peuvent se justifier parfaitement lorsque le maintien de l'exploitation en activité compense largement les effets qu'aurait sa disparition sur l'ensemble de l'économie.

Tableau n°5. Situation des fermes d'Etat en % en 1986

Pays /Secteurs	Agrumes et légumes	Manioc	Coton	Cacao/Café
Bénin	4	3	3	4
Haute-Volta	3		4	2
Cameroun	5	5	6	6
Centrafrique	2	2	1	2
Comores	1			
Congo	1	2		2
Côte-d'Ivoire	7	6	2	14
Gabon	1			
Guinée-Conakry	2	2	3	4
Guinée Bissau	1		1	
Guinée Equatoriale	1		2	3
Mali			3	3
Niger	2		1	2
Tchad	1	1	3	2
Togo	2	1	2	2
Sénégal	5	2	4	4
Zaïre	7	8	7	10

Source : Organisation des Nations-Unies pour l'Alimentation et l'Agriculture (FAO) 1987

N.B. Ce tableau montre que les pays membres de l'OHADA n'ont pas capitalisé l'expérience des fermes d'Etat.

Les fermes d'Etat sont surtout le fait des pays à économie planifiée. Elles sont alors un instrument essentiel de la planification agricole dans la mesure où les pouvoirs publics y disposent d'une maîtrise suffisante pour y affecter les ressources rares en fonction des objectifs assignés par le plan. Les fermes d'Etat sont beaucoup moins nombreuses dans les pays à économie de marché où les politiques agraires sont d'avantages incitatrices. Elles visent alors surtout à assumer certaines fonctions que le secteur privé ne veut pas prendre directement en charge (recherche agronomique, enseignement agricole…) mais que la société juge néanmoins indispensable.

CHAPITRE 4. LA NATURE DES POLITIQUES INCITATRICES

Section1. Les différentes exploitations agricoles en économie de marché

Le libéralisme intégral n'existe jamais en agriculture. Les enjeux sont tels que les Etats jugent partout nécessaire d'intervenir pour réglementer les conditions de la production agricole au nom de l' « intérêt général». Mais dans la plupart des pays capitaliste, les gouvernements n'estiment toutefois pas utile de s'immiscer directement dans le processus de production ni de remettre en cause l'existence d'exploitations agricoles privées. Les politiques agricoles mises en œuvre ne cherchent alors qu'à inciter les agriculteurs à modifier leurs systèmes de production dans un sens plus conforme, à l'intérêt des classes au pouvoir. Elles visent à organiser les conditions de la concurrence entre exploitations et permettre d'orienter l'évolution différentielle des unités de production dans le cadre de l'économie de marché.

Le développement agricole des pays membres de l'OHADA s'accompagne d'un mouvement de contradiction progressive des exploitations. La répartition, inégale de la terre et des équipements entre unités concurrentes sur un même marché engendre des écarts sensibles de productivité entre agriculteurs. Ces écarts, et les différences de revenus qui en résultent, ont pour conséquence de ne pas laisser à tous les exploitants la même capacité à investir. Tandis que les plus riches peuvent aisément se lancer dans de nouveaux investissements destinés à accroître encore davantage la productivité du travail, les moins fortunés éprouvent de plus en plus de difficultés à renouveler leur capital d'exploitation : matériel, bâtiments, troupeaux, etc. Certains sont amenés, pour ce faire, à réduire leur niveau de vie de façon telle que les enfants peuvent ne pas vouloir reprendre la succession des parents et préfèrent chercher un emploi en ville. Les terres ainsi libérées permettront l'agrandissement des exploitations aux alentours. Le problème est plus inquiétant lorsque les nouveaux acquéreurs des terres font partie de la classe au pouvoir qui, après s'être servie copieusement dans les caisses de l'Etat et réduit les populations rurales à la mendicité les exploite tout en les narguant. On les voit partout dans ces pays comment Chefs d'Etat et de gouvernement, ministres et leurs enfants et proches s'accaparent des domaines entiers appartenant à des familles pauvres. C'est ni plus ni moins de la jungle dans l'agriculture.

Tableau n°6. Importations de technologies en % du total des exportations et crédit du secteur bancaire manufacturières en 2006 (en Milliards de franc CFA)

Pays	Importation de haute technologie	Crédit fourni par le secteur bancaire
Bénin	0	9
Burkina Faso	10	12
Cameroun	3	-10
Comores	1	-12
Congo		21
Côte-d'Ivoire	42	
Gabon		
Guinée-Conakry	3	8
Guinée Bissau		
Guinée Equatoriale		
Mali	4	15
Niger	11	4
Tchad		0
Togo		22
Sénégal	6	25
Sao-tomé et principes		
RCA	0	18
RDC	4	5

Source : Programme/Projet de Développement Rural Intégré (PDRI) 2007

N.B. Ce tableau montre le faible niveau des importations technologiques et des crédits bancaires qui y sont alloués dans les pays membres de l'OHADA.

Aujourd'hui, la disparition des unités les moins dotées alimente l'extension d'exploitations mieux pourvues. L'accumulation du capital dans l'agriculture se poursuit alors dans un nombre toujours plus restreint d'entreprises agricoles dont la taille moyenne augmente de façon continue.

Pour résister à la concurrence et rentabiliser au mieux des investissements de plus en plus importants, les exploitations agricoles ont souvent intérêt à concentrer leurs efforts sur un nombre limité de spéculations pour lesquelles les conditions du milieu présentent des avantages comparatifs. L'agrandissement des exploitations agricoles va donc de pair avec leur spécialisation progressive. La prise en compte des contraintes relatives à l'utilisation des résidus de cultures, aux coûts de transport, à l'emploi continu de la main-d'œuvre disponible, et à de nécessaires rotations culturales, peuvent cependant amener les exploitants à ne pas se spécialiser trop étroitement. Les systèmes de production les plus rentables varient d'une région à l'autre en fonction des conditions du milieu écologique (sols, climat, végétation spontanée…) et des infrastructures économiques (routes, irrigation, unités de stockage et de transformation…). Certaines régions, dont les conditions ne peuvent soudainement pas s'avérer favorables à l'introduction de nouvelles variétés, races ou techniques performantes, ne sont plus en mesure, parfois, de rester concurrentielles et de permettre à leurs agriculteurs une quelconque accumulation de capital. Ces régions défavorisées alimentent alors un puissant mouvement d'exode rural puisque seules peuvent y subsister quelques grandes exploitations dont les systèmes de production extensifs (élevage pastoral, exploitations forestières…) requièrent peu de capital et de main-d'œuvre à l'hectare.

L'intervention de l'Etat vise à moduler le nombre, la taille et la spécialisation des exploitations agricoles en fonction des objectifs assignés à l'agriculture. Il s'agit très souvent, par le moyen d'une politique sélective, de favoriser les agriculteurs les plus compétitifs pour qu'ils puissent approvisionner le pays aux prix les plus bas possibles et réduire ainsi la pression sur les salaires. Le départ des producteurs les moins performants est systématiquement encouragé pour permettre l'agrandissement et la modernisation des exploitations les plus productives. On favorise ainsi les paysans qui, ont le plus de chance d'être efficaces à long terme. L'inégalité entre régions s'en trouve alors renforcée au profit de celles qui présentent les plus grands avantages comparatifs. Mais les classes dirigeantes peuvent aussi vouloir limiter l'exode rural lorsqu'en période de crise le développement industriel ne permet plus de fournir des emplois à la main-d'œuvre disponible sur le marché de la force du travail.

Carte n°25. Le niveau des potentialités économiques dans certaines cultures

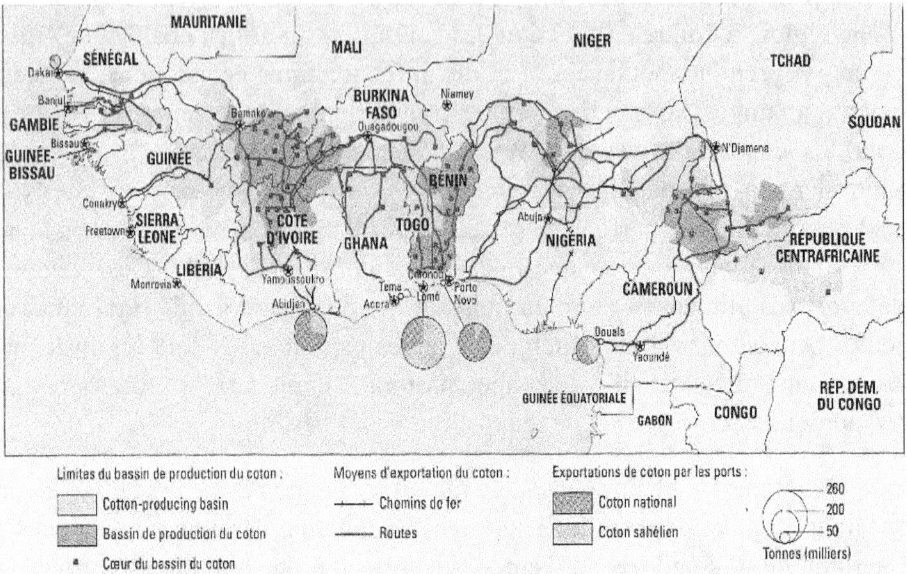

Source : Atlas de l'intégration régionale en Afrique de l'Ouest, Club du Sahel et de l'Afrique de l'Ouest/OCDE, 2006.

L'Afrique de l'Ouest possède un potentiel pour un développement basé sur le coton (Source : Atlas de l'intégration régionale en Afrique e l'Ouest, Club du Sahel et de l'Afrique de l'Ouest/OCDE, 2006).

L'Etat s'efforce alors de protéger le revenu des paysans de telle sorte qu'ils soient intéressés à poursuivre l'activité agricole malgré des conditions de productivité faiblement concurrentielles. La politique de soutien aux paysans des contrées les plus défavorisées peut s'avérer utile lorsque l'on juge nécessaire, pour des raisons d'économie générale, d'éviter l'abandon et le retour à la friche des régions entières. La protection des revenus des paysans et le maintien en activité d'un minimum d'exploitants agricoles peuvent répondre aussi au souci de se prémunir contre les aléas des échanges internationaux et les risques de dépendance alimentaire, quitte à continuer à produire des denrées à des coûts, supérieurs à ceux du marché international.

DEUXIEME PARTIE. LE NOUVEAU CADRE JURIDIQUE DES INVESTISSEMENTS DANS L'ESPACE OHADA

Les pays membres de l'OHADA disposent chacun d'un Code des investissements. Dans notre ouvrage, *OHADA, Code des investissements et des activités économiques*, paru en 2017 dans la même collection et aux mêmes éditions, nous nous sommes employé à faire la compilation et le commentaire de ces différentes lois. Ce cadre, en réalité, vise à encourager la création et le développement des activités économiques. Ces activités étant orientées vers :

- la valorisation prioritaire des ressources naturelles nationales,
- la création d'emplois nouveaux,
- la production des biens et services compétitifs pour la consommation interne et l'exportation,
- l'accroissement des exportations des produits manufacturés,
- le transfert et l'adoption de technologies appropriées,
- la protection de l'environnement et,
- l'amélioration de la qualité de vie en milieu urbain et rural.

L'un des buts poursuivis étant la facilitation des échanges et la promotion des investissements, la garantie de la sécurité juridique et la simplification de la procédure d'agrément notamment l'effectivité du Traité devra aussi être marquée par :

• la suppression de la convention d'établissement, des décrets et lois en matière d'agrément,

• la fixation des délais impératifs pour la notification des décisions d'agrément et leur prise en compte immédiate par les administrations chargées de les appliquer.

- La simplification des procédures d'obtention des autorisations administratives pour les entreprises agréées.

Ce Traité constitue, en outre, un cadre rassurant de politique d'investissement, en même temps qu'un instrument de sécurité juridique et judiciaire des affaires. Le droit OHADA est ainsi conçu pour impulser toute politique de développement économique et créer un vaste marché régional, en faisant de l'Afrique un pôle de développement, afin de réaliser son intégration.

D'une part, plusieurs programmes en Afrique ont été lancés depuis la décennie 2010 sinon bien avant, avec à l'origine l'idée de créer des réseaux de partenariat en entreprise, des réseaux souvent pilotés par des partenaires multilatéraux et qui ont pour objectifs de :

- Contribuer à l'émergence de PME/PMI et du secteur privé en général ;
- Faciliter l'insertion, en Afrique, grâce à l'offre d'une formation qualifiante des jeunes diplômés ;
- Aider à promouvoir des activités créatrices de richesses et d'emplois.

D'autre part, les gouvernements africains ont mis en place un cadre institutionnel incitatif à l'initiative privée, en vue de promouvoir le secteur des petites et moyennes entreprises dont l'importance dans la résolution de la question du chômage et de l'emploi est reconnue. Aujourd'hui, l'on reconnais que la législation et la réglementation en matière d'investissements, appuyées par des Agences de promotion des investissements et des Guichets uniques de création des entreprises, renforcent l'activité des Chambres nationales de commerce, d'industrie et des métiers et favorisent l'émergence de ce secteur.

En pratique, chaque Etat membre s'emploi, dans un tel contexte, à créer, au profit des acteurs du secteur privé, un environnement propice à :

- L'instruction des projets et la réalisation des études de marché et de faisabilité
- L'assistance aux structures d'appui aux entreprises
- La formation, l'assistance technique et scientifique des acteurs du secteur privé
- L'expertise managériale et le soutien financier à travers un dispositif de prêt et de crédit
- Le suivi et la prise en mains des entreprises en création
- La création des écoles d'ingénierie en entreprise

Certes, dans le domaine agricole, l'application du Code des investissements doit se greffer sur les lois et les règlements internes des ministères en charge de l'agriculture et de l'élevage dans chaque pays, notamment en ce qui concerne la législation sur la distribution et l'occupation des terres cultivables, les Codes domaniaux et fonciers et d'autres textes réglementaires, mais très vite aussi, les investisseurs avaient perçu l'utilité d'un livre entièrement consacré à ces questions. Et le grand mérite de ce Code, c'est qu'il présente, pour chaque pays :

- la législation et la réglementation sur les investissements, les PME/PMI, suivi de leur analyse ;
- l'organisation et le fonctionnement des Agences de promotion des investissements et des PME/PMI ;
- les Chambres nationales de commerce, d'industrie et des métiers ;
- l'organisation et le fonctionnement des Centres de formalités administratives des entreprises ;
- l'analyse approfondie de l'environnement économique et ;
- les opportunités d'investissements et les secteurs économiques porteurs ;
- le Fonds d'aide et de garantie les mécanismes d'accès au financement des PME/PMI ;
- les orientations de politique générale en matière de développement économique.

Dans ce présent livre, *OHADA, Le cadre juridique des investissements agricoles et la problématique de l'incohérence des politiques économiques*, nous nous contentons de résumer l'essentiel des dispositions de ces différentes lois, pour les cinq aspects qui sont en partage aux Etats membres afin de les intégrer dans la grande problématique, c'est-à-dire :

- les droits et avantages accordés aux investisseurs (chapitre 1) ;
- la promotion et la valorisation des ressources naturelles nationale (chapitre 2) ;
- les règlements spéciaux (chapitre 3) ;
- le régime des petites et moyennes entreprises (chapitre 4) ;
- le régime de réinvestissement (chapitre 5).

CHAPITRE 1. LES DROITS ET AVANTAGES GENERAUX

Section 1. Les garanties générales

Toute personne physique ou morale camerounaise ou étrangère, quel que soit son lieu de résidence, peut entreprendre et exercer une activité économique. Elle peut, individuellement ou en association avec d'autres, exercer cette activité, soit sous le régime de droit commun, soit sous l'un des régimes spéciaux institués par les lois et règlements en vigueur. Toute personne physique ou morale, individuellement ou en association avec d'autres, quelle qu'en soit la forme juridique choisie pour exercer une activité économique, bénéficie de la pleine protection juridique. A ce titre, toute personne physique ou morale étrangère reçoit un traitement égal à celui des personnes physiques ou morales nationales, dans le respect des dispositions légales et réglementaires concernant l'établissement des étrangers ainsi que des dispositions des traités et accords conclus avec les Etats dont ils sont ressortissants.

Toute personne physique ou morale, quelle que soit sa nationalité, jouit, dans le respect des lois et règlements en vigueur, des droits de toute nature en matière de propriété, de concessions et d'autorisations administratives. Nulle expropriation, nationalisation ou réquisition d'une entreprise régulièrement établie ou de ses biens ne peut avoir lieu sans que l'Etat n'ait engagé au préalable, la procédure de déclaration d'utilité publique la justifiant et sans une indemnisation préalable, juste et équitable, fondée sur une évaluation adéquate de l'entreprise ou de ses biens, objet d'un tel acte, par un tiers indépendant. Toute personne physique ou morale régulièrement établie peut, dans le respect des lois et règlements en vigueur, conclure et exécuter tout contrat qu'elle juge utile pour ses intérêts, notamment en matière financière et commerciale, déterminer sa politique de production, de distribution et de commercialisation et, d'une manière générale, accomplir tout acte de gestion conforme aux règles et usages de commerce. Toute personne physique ou morale, régulièrement établie pour exercer une activité économique, jouit de la liberté d'embauche et de licenciement qui s'exerce dans le respect de la législation sociale et du travail en vigueur. L'Etat garantit à tout investisseur, personne physique ou morale, régulièrement établie, à ses partenaires et dirigeants, à son personnel étranger titulaire d'un contrat de travail dûment visé, ainsi qu'à leur famille légale, l'entrée, le séjour, la libre circulation et la sortie du territoire national. Il leur délivre à cet effet tout document administratif requis. L'Etat garantit à toute personne physique ou morale non résidente, le droit de transférer librement les revenus de toute nature provenant des capitaux investis et, en cas de cessation des activités, du produit de la liquidation ou de la cessation de l'investissement, sous réserve qu'elle soit en règle avec l'administration fiscale. L'Etat garantit en outre, dans le respect des lois et règlements régissant les opérations de banque et des changes, la liberté de transférer, hors du territoire national, les fonds correspondant à des paiements normaux et courants pour des fournitures et des prestations effectives, notamment sous forme de redevances ou d'autres rémunérations.

Section 2. La promotion des exportations

Toute entreprise régulièrement établie et dont les produits finis ou semi-finis sont transformés sur place est exonérée des droits de sortie et des taxes d'assurance et de transport sur ceux de ces produits destinés à l'exportation. Toute entreprise régulièrement établie qui exporte une partie ou la totalité de sa production industrielle bénéficie d'une incitation à l'exportation qui est octroyée sous forme d'une déduction de son revenu imposable d'un montant non reportable égal à 5% de la valeur FOB des exportations de ses produits finis ou semi-finis transformés.

CHAPITRE 2. LA PROMOTION ET LA VALORISATION DES RESSOURCES NATURELLES

Toute entreprise régulièrement établie a droit, au titre de son activité de production et pour la durée de son activité, à l'exonération de tous droits et taxes à l'achat sur les matières premières nationales locales ou d'origine de l'UDEAC sur l'eau et l'électricité industrielles et sur les produits intermédiaires locaux ou d'origine de l'UDEAC entrant, intégralement ou pour partie de leurs éléments, dans la composition des produits ouvrés ou transformés, y compris les matières premières et produits nationaux locaux ou d'origine de l'UDEAC destinés au conditionnement et à l'emballage des produits ouvrés ou transformés. Le bénéfice des avantages mentionnés à l'alinéa (1) est subordonné, après constatation du démarrage de la production, à l'obtention par voie réglementaire du régime de la Taxe Intérieure à la Production (TIP) ou de toute autre taxe équivalente applicable sur les produits de l'entreprise à leur sortie de l'usine pour être spécialisés. Les conditions d'octroi et les modalités de calcul des taxes sont précisées par voie réglementaire. Les droits et taxes à l'importation hors de la zone de l'UDEAC sont exigibles pour toute entreprise bénéficiaire de la TIP au taux réduit à 15% englobant le droit d'entrée, les droits de douane, la taxe sur le chiffre d'affaires et toutes autres taxes à l'importation sur :
a) les matières premières et produits entrant intégralement ou pour partie de leurs éléments dans la composition du produit fabriqué dans sa forme livraison au commerce;
b) les matières premières et produits qui, tout en n'entrant pas dans la composition du produit fabriqué, sont détruits, en perdant leur qualité spécifique, au cours des opérations directes de fabrication;
c) les matières premières et produits destinés au conditionnement et à l'emballage des produits fabriqués.
(2) Toutefois, les produits soumis au mécanisme de péréquation obéissent à la législation y relative.

Les trois premières années au cours desquelles l'entreprise bénéficie du régime de la TIP sont considérées comme la phase de démarrage de son exploitation. A c effet, la différence entre les droits et taxes d'entrée exigibles en régime de drop commun et le montant des droits résultant du régime accordé, hors pénalités, fait l'objet d'un cautionnement ou de la remise d'une caution personnelle et solidaire dans les conditions prévues par la réglementation douanière. Il est donné mainlevée des montants cautionnés ou des cautions fournies à la fin de la troisième année dans les conditions prévues par la loi.

Tableau n°7. Flux d'investissements directs annuels Français (en milliard de Francs CFA)

Pays	2006	2007	2008	2009	2010
Bénin	2,76	2,06	4,05	4,03	4,08
Burkina Faso	2,99	3,08	4,16	6,07	4,05
Cameroun	8,03	8,07	9,04	9,03	9,09
Centrafrique	3,22	2,5	3,4	4,2	4,2
Comores	3,2	4,3	4,4	5,2	4,5
Congo	6,02	5,04	6,08	6,06	6,10
Côte-d'Ivoire	8,01	9,03	9,02	8,03	8,04
Gabon	6,00	5,04	6,01	4,08	4,09
Guinée-Conakry	3,30	4,1	2,3	1,8	2,4
Guinée Bissau	4,03	4 ,16	4,09	4,07	4,09
Guinée Equatoriale	5,01	5,13	5,08	6,07	8,06
Mali	4,13	4,08	4,08	4,11	4,01
Niger	4,16	4,22	4,06	4,08	4,13
Tchad	4,18	4,00	4,03	4,00	4,00
Sénégal	7,03	7,13	7,22	7,06	7,11
RDC	6,03	8,624	6,43	6,36	6,71

Source : Fonds Monétaire International (FMI) 2008

N.B. Pour 2010, la balance des paiements des pays et la conversion en F CFA : Estimation d'après orientations énoncées.

CHAPITRE 3. LES REGIMES SPECIAUX

Les régimes spéciaux accordent des avantages particuliers auxquels les personnes physiques ou morales, individuellement ou en association peuvent prétendre au bénéfice de leurs entreprises, pour exercer une activité économique. Ces régimes sont les suivants :
(1) Pour la création de nouvelles entreprises
- le régime de base ou un des régimes spécifiques que sont :
- le régime des petites et moyennes entreprises (PME),
- le régime des entreprises stratégiques.
(2) Pour la création d'entreprises à vocation exclusivement exportatrice :
- le régime de la zone franche,
(3) Pour les entreprises existantes en fonctionnement :

Section 1. Le régime de réinvestissement.

Toute entreprise régulièrement établie et concourant à l'objectif économique est éligible à l'un des régimes spéciaux lorsqu'elle exerce son activité dans l'un des domaines ci-après :
- la transformation des matières qui aboutit à la production d'un bien fini ou semi-fini,
- l'extraction et la transformation des ressources minières,
- la transformation des hydrocarbures,
- l'exploitation forestière assortie de la transformation du bois,
- la production agricole et agro-industrielle,
- la confection,
- l'élevage,
- la pêche industrielle et artisanale,
- la transformation des produits agricoles, animaux et halle tiques,
- les activités de stockage et de conservation des produits alimentaires,
- la fabrication des matériaux nécessaires aux bâtiments et travaux publics,
- la construction des bâtiments et la réalisation des travaux publics,
- la maintenance des équipements industriels axée sur la fabrication des pièces de rechange,
- les réparations navales,
- les activités de recherches technologiques et de la gestion, des données,
- les formations hospitalières et les laboratoires d'analyser pharmaceutiques, les premières, de produits finis ou semi-finis utilisés trôle fric
- les laboratoires d'essai, d'analyse et de contrôle des produits par l'industrie,
- les établissements d'hébergement susceptibles de faire rejet d'un classement conformément à la réglementation en vigueur,
- les établissements de restauration et de loisirs concours à l'animation touristique

* lorsqu'ils sont intégrés dans un ensemble touristique ou à l'animation touristique
* lorsqu'ils sont implantés dans un site dont l'administration chargée du tourisme reconnaît l'intérêt touristique.
* les agences de tourisme agréées selon la réglementation en vigueur.

Tableau n°8. Coût budgétaire des grands contrats (en milliards de Francs CFA)

	2006	**2007**	**2008**	**2009**	**2010**
Secteur Mines	1,10	6,40	5,16	4,88	5,19
Secteur Pétrole	8,30	9,12	9,89	9,84	3,99
Secteurs Forêt	4,10	5,16	5,19	4,88	4,96
Secteur agricole					
Secteur Formation	1,16	1,26	1,83	1,89	1,01

Source : Fonds Monétaire International (FMI) 2008

N.B. Ce tableau montre combien il est important d'investir dans la recherche, de développer dans ces domaines une industrie concurrentielle et les technologies d'avenir, de développer la formation.

Toute entreprise qui exerce une activité dans le domaine de la recherche et/ou de l'exploration des ressources minières y compris des hydrocarbures dont les avantages seront fixés par un texte particulier, une activité de prestations de service ne figurant dans le domaine financier, de la formation scolaire, de l'entretien et de réparations de toute nature, de pressing de bureaux d'études est exclue du champ d'application de la loi.

Section 2. Les conditions générales d'octroi des avantages d'un régime

L'entreprise qui sollicite l'octroi des avantages de l'un des régimes prévus par la présente ordonnance doit se conformer à l'ensemble des dispositions relatives et réglementaires qui lui sont applicables. L'agrément à l'un des régimes prévus par la présente ordonnance est par voie réglementaire sur la base d'une demande d'agrément et après visa de l'administration chargée des douanes sur la liste de matériel, de matériaux de construction de l'usine, de biens d'équipement, de machines, d'outillages et de moyens de transport, éventuellement à importer. L'acte d'agrément spécifie :
(1) En ce qui concerne l'entreprise
- la raison sociale et les statuts désirés, l'entreprise bénéfice
- le lieu d'implantation de l'entreprise faisant ressortir qu'elle n'est pas dans une zone interdite pour l'exercice de l'activité concernée,

- le programme d'investissement physique et financier que l'entreprise propose
- la politique d'emploi et de formation professionnelle de l'entreprise,
- les objectifs poursuivis dans le programme d'investissement et qui doivent être conformes aux critères d'éligibilité correspondant au régime accordé.
(2) En ce qui concerne l'administration :
- les critères d'éligibilité pour lesquels l'agrément est accordé,
- la liste des équipements agréés, objet du projet d'investissement,
- le régime et les avantages consentis à l'entreprise bénéficiaire,
- la date d'entrée en vigueur des avantages consentis en distinguant ceux relatifs à la phase d'installation de l'entreprise de ceux relatifs à sa phase d'exploitation, le passage d'une phase à l'autre étant subordonné à un contrôle.

Section 3. Le régime de base

Toute entreprise qui remplit les conditions énoncées par, la loi peut prétendre au bénéfice des avantages du régime de base lorsqu'elle satisfait en outre à l'un des critères ci-après :
a) création d'emplois permanents pour les camerounais à concurrence au moins d'un emploi par tranche de dix (10) million de francs CFA d'investissements programmés par l'entreprise ;
b) activité annuelle d'exportation à concurrence soit d'au moins 25% du chiffre d'affaires hors taxe de l'entreprise soit d'un chiffre d'affaires en devises convertibles hors zone franc d'au moins 10% de son chiffre d'affaires hors taxe ;
c) utilisation des ressources naturelles nationales, exception faite des ressources énergétiques, et/ou de biens et services, à concurrence d'au moins 25% de la valeur des intrants. Les biens et services produits s'entendent de ceux qui incorporent eux-mêmes au moins 25% de la valeur ajoutée nationale.

Tableau n°9. Investissements directs étrangers (en milliards de FCFA)

Pays	Capital	Autres capitaux propre	Prêts et avances
Bénin	178	175,6	45,8
Burkina Faso	111,8	106,9	16,8
Cameroun	28,9	35,8	8,3
Centrafrique	10	9	5
Comores	23	17	4,7
Congo	24,2	20,1	1,7
Côte-d'Ivoire	18,0	14,7	2,5
Gabon	14	17,2	1,2
Guinée-Conakry	10	11	1,2
Guinée Bissau	12,0	8,5	1,1
Guinée Equatoriale	11,8	7,3	1,5
Mali	2,9	2,8	0,5
Niger	19,9	12,5	4,5
Tchad	6,7	7,9	0,9
Togo	6	6	1,2
Sénégal	8,5	2,9	2,5
RDC	3,5	1,8	1,3

Source : Fonds Monétaire International (FMI) 2008

N.B. Pour chaque pays le montant cumulé en milliards de FCFA, dans des secteurs manufacturés 20%, commercial 30%, immobilier et banquier 50%.

Section 4. Les avantages

La phase d'installation de l'entreprise et dont la durée est de trois (3) ans donne droit au bénéfice :

(1) a) d'un taux réduit à 15% englobant les droits d'entrée, les droits de douane, la taxe sur le chiffre d'affaires et toutes autres taxes à l'importation, exigibles au titre des importations de matériel, de matériaux de construction de l'usine ou de l'établissement, des biens d'équipement, des machines et outillages, de matériel roulant intimement liés au processus de production, de fabrication et/ou de distribution aussi bien qu'au transport de personnels, à l'exclusion des véhicules de tourisme. Toutefois, les autocars et autobus destinés aux établissements d'hébergement et loisirs ainsi qu'aux agences de tourisme agréées bénéficient des mêmes avantages ;

(1) b) de l'exonération des droits et taxes fiscales à l'achat de tous les produits lorsqu'ils sont fabriqués localement ;

(2) de l'exonération des droits d'enregistrement des actes d'augmentation de capital;
(3) de l'exonération des droits d'enregistrement des baux d'immeubles à usage exclusivement professionnel faisant partie intégrante du programme d'investissement retenu;
(4) de l'exonération des droits de mutation sur l'acquisition des immeubles, terrains et bâtiments indispensables à la réalisation dudit programme;
(5) de l'exonération des droits d'enregistrement des contrats de fourniture des équipements et de construction des immeubles nécessaires à la réalisation dudit programme ;
(6) de l'exonération de l'impôt sur le chiffre d'affaires intérieur (ICAI) ou de toute autre taxe équivalente exigible au titre des études, des travaux de génie civil, construction et installation des bâtiments et équipements du programme d'investissement effectué par le promoteur ou, pour son compte, par des tiers installés sur le territoire national ou dans un Etat qui fait partie d'une même union économique;
(7) de l'exonération des taxes pour les crédits contractés pour les programmes d'investissement ;
(8) de l'exonération de l'impôt minimum forfaitaire (IMF) exigible au titre d l'impôt sur les sociétés;
(9) de l'exonération de la taxe spéciale sur les sociétés (TSS) ;
(10) de la réduction de 50% de l'impôt sur les sociétés (IS) à partir de la première année d'imposition ;
(11) de l'exonération de la taxe spéciale d'enregistrement des contrats d'assurance de l'entreprise.

Pendant la phase d'installation de l'entreprise, la différence entre les droits et taxes d'entrée exigibles en régime de droit commun et le montant des droits résultant du régime accordé, hors pénalités, fait l'objet d'un cautionnement ou de la remise d'une caution personnelle et solidaire dans les conditions prévues par la réglementation douanière. Il est donné mainlevée des montants cautionnés ou des cautions fournies à la fin de la période d'installation de l'entreprise dans les conditions par la loi. La phase d'exploitation de l'entreprise et dont la durée non renouvelable " est de cinq (5) ans donne droit au bénéfice :
(1) de l'exonération du minimum de perception exigible au titre de l'impôt sur les sociétés ;
(2) de l'exonération de la TSS ;
(3) de la réduction de :
50% de l'IS pour les personnes morales ;
50% de l'impôt sur les BIC pour les entrepreneurs, individuels ;
(4) de la réduction de 50% de la taxe proportionnelle sur les revenus de capitaux mobiliers (TPRCM) pendant la période susvisée ;

(5) du report sur les résultats des cinq (5) exercices suivants du déficit résultant de l'imputation des amortissements normalement comptabilisés pendant les trois (3) premiers exercices ;
(6) de la déduction du revenu imposable de l'entreprise d'un montant non reportable égal à 50% des transports et utilités, lorsque celle-ci s'installe dans une zone éloignée des grands centres urbains qui seront définis par voie réglementaire ainsi que les rayons applicables à cet effet. Toute entreprise qui sollicite l'octroi des avantages du régime de base prévu par la présente ordonnance a droit au bénéfice d'un système simplifié pour les autorisations administratives liées à l'activité pour la période de validité de l'acte d'agrément qui couvre la phase de lancement, d'exécution et d'exploitation de l'opération. A ce titre, elle a droit au traitement de ses dossiers par un guichet unique à fixer et selon les modalités à préciser par voie réglementaire, notamment en ce qui concerne :
- les autorisations à l'exercice de ses activités,
- l'accès aux documents administratifs en matière d'importation et d'utilisation des entrepôts privés,
- les visas nécessaires à l'exécution des programmes d'investissement, y compris la liste des équipements et des matières premières à importer ou à acheter localement,
- l'obtention des différents visas pour son personnel national et étranger (visa d'entrée ou de sortie, permis de séjour, visa de travail),
- l'obtention des dérogations prévues par les lois et règlements en vigueur,
- l'accès au bénéfice des installations et services publics nécessaires au bon déroulement de l'exécution du programme d'investissement retenu dans l'acte d'agrément.

CHAPITRE 4. LE RÉGIME DES PETITES ET MOYENNES ENTREPRISES

Peut prétendre aux avantages du régime des PME toute entreprise qui satisfait aux conditions générales énoncées par la loi, ainsi qu'aux trois(3) conditions ci-après :
- création d'emplois permanents pour les camerounais à concurrence au moins d'un emploi par tranche inférieure ou égale à cinq (5) millions de francs CFA d'investissements programmés par l'entreprise ;
- niveau des investissements inférieur ou égal à un milliard et demi de francs CFA ;
- participation des nationaux ou d'une personne morale de droit national au moins égale à 35% du capital social.

Section 1. Les avantages

La phase d'installation de l'entreprise et dont la durée est de trois (3) ans, donne droit au bénéfice des avantages énoncés par la loi. La phase d'exploitation de l'entreprise donne droit pour une période non renouvelable de sept (7) ans au bénéfice :
(1) des avantages énoncés ci-dessus;
(2) de la déduction du revenu imposable de l'entreprise, d'un montant non reportable égal à 25% de la masse salariale, versée aux salariés au cours de l'exercice considéré.

Tableau 10. Situation de l'Aide financière (en milliards de FCFA)

Pays	Flux des investissements directs étrangers	Aide publique au développement	Dette extérieure
Bénin	63	43	
Burkina Faso	26	61	11,42
Cameroun	30,9	93	35,27
Comores	22	10	34,6
Congo	34,4	13	61,30
Côte-d'Ivoire	31,5		13,840
Gabon			
Guinée-Conakry	25	10	11,4
Guinée Bissau			
Guinée Equatoriale			
Mali	18,5	69	14,36
Niger	20	29	80,5
Sénégal	58	68	19,84
Tchad	70,0	27	17,72
Togo	57	12	18,06
RCA	24	31	10,20
RDC	18,0	34	11,20

Source : Fonds Monétaire International (FMI) 2008

N.B. L'aide financière comprend des, prêts (assortis de conditions financières plus ou moins avantageuses : délai de remboursement, taux d'intérêt délai de franchise), investissements privés directs, crédits à l'exportation, assistance technique, aide alimentaire.

Section 2. Le régime des entreprises stratégiques

Toute entreprise, dont l'activité s'exerce dans un domaine à la fois à l'article 16 et déclaré stratégique dans le cadre du Plan Directeur d'industrialisation, peut être éligible à la conclusion d'une convention avec l'Etat si elle sati fait en outre à l'un des critères ci-après :

a) activité annuelle d'exportation à concurrence soit d'au moins 50% du chiffre d'affaires hors taxe de l'entreprise, soit du chiffre d'affaire en devises convertibles hors zone franc d'au moins 25% de son chiffre d'affaires hors taxe ;

b) utilisation des ressources naturelles nationales, exception faite des ressources énergétiques, et/ou de biens et services produits localement, à concurrence d'au moins 50% de la valeur des intrants. Les biens et services produits localement s'entendent de ceux qui incorporent eux-mêmes au moins 50% de la valeur ajoutée nationale.
(2) création d'emplois permanents pour les locaux à concurrence d'au moins d'un emploi par tranche de vingt (20) millions de francs CFA d'investissement programmés par l'entreprise.

Section 2. Les avantages

La phase d'installation de l'entreprise donne droit au bénéfice des avantages énoncés par la loi pour une période de cinq (5) ans. La phase d'exploitation de l'entreprise donne droit pour une période non-renouvelable de douze (12) ans au bénéfice :
(1) des avantages énoncés ci-dessus;
(2) de la déduction du revenu imposable de l'entreprise d'un montant non reportable égal à 25% de la masse salariale versée aux salariés locaux au cours de l'exercice considéré.

Section 3. Le régime de la zone franche

(1) Toute entreprise à vocation exclusivement exportatrice dont l'activité est énoncée dans l'article 16 ci-dessus est éligible au régime de la zone franche;
(2) l'institution, l'organisation et le fonctionnement des zones franches, les conditions d'admission et les avantages qui sont liés à ce régime sont fixés par des textes particuliers.

CHAPITRE 5. LE RÉGIME DE REINVESTISSEMENT

Toute entreprise dont l'activité est énoncée par la loi, exerçant sous le régime de droit commun dont le régime spécial est arrivé à expiration, est éligible au régime de réinvestissement:
(1) son programme d'investissement est agréé au régime de réinvestissement du code général des impôts, et
(2) son programme d'investissement assure un accroissement de la productivité une augmentation de production des biens et des services ou celle du personnel peuvent camerounais de 20% au moins par rapport à son état au moment de la demande;
(3) son programme d'investissement, en ce qui concerne les établissements d'hébergement, lui permet d'accéder à une catégorie de prestations supérieures à celle où elle est agréée au marnent de la demande.
L'agrément au régime de réinvestissement donne droit, dans les mêmes conditions que celles applicables à la phase d'installation de l'entreprise fixées par la loi et pour une période de trois (3) ans à partir de la date d'octroi au bénéfice :
(1) des avantages accordés par le Code Général des Impôts dans le cadre du régime de réinvestissement ;
(2) - a) d'un taux réduit à 15% englobant les droits d'entrée, les droits de douane, la taxe sur le chiffre d'affaires et toutes autres taxes à l'importation, exigibles au titre des importations de matériel, de matériaux de construction de l'us ou de l'établissement, des biens d'équipement, des machines et outillages et du matériel roulant intimement lié au processus de production, de fabrication et/ou de distribution aussi bien qu'au transport de personnels, à l'exclusion des véhicules de tourisme. Toutefois, les autocars et autobus destinés aux établissements d'hébergement et de loisirs ainsi qu'aux agences de tourisme, bénéficient de ces avantages;
(2) - b) de l'exonération des droits et taxes fiscales à l'achat des produits lorsqu'ils sont fabriqués localement ;
(3) de l'exonération des droits d'enregistrement des actes d'augmentation de capital ;
(4) de l'exonération des droits d'enregistrement des baux d'immeubles à usage exclusivement professionnel faisant partie intégrante du programme d'investissement retenu par l'entreprise. Toute entreprise agréée à un des régimes organisés par la présente ordonnance doit satisfaire aux critères qui ont été déterminants pour son éligibilité à ce régime au plus tard deux (2) ans après la fin de la phase d'installation l'entreprise. Toutefois l'autorité ayant octroyé l'agrément peut accorder des délais supplémentaires en cas de force majeure dûment constaté ou si l'entreprise présente des justifications valables. Ce délai supplémentaire ne peut cependant pas excéder deux (2) ans. La phase d'installation de l'entreprise est sanctionnée par les résultats du

contrôle qu'effectuent les administrations chargées de l'industrie et des finances. Ce contrôle porte sur :
- la conformité des équipements avec le programme annonce,
- la vérification des pièces justificatives pour les importations et les achats locaux effectués dans les conditions prescrites dans l'acte d'agrément, en fonction du programme d'investissement présenté par l'entreprise et retenu dm, l'acte d'agrément,
- les déclarations de revenus de l'entreprise en vue de l'obtention des avantages fiscaux retenus dans l'acte d'agrément.
Au vu des résultats du contrôle qui doivent être notifiés à l'entreprise
(1) celle-ci bénéficie des avantages prévus par la loi si sa phase d'exploitation est déjà atteinte ou peut être raisonnablement ail, te dans les délais retenus. La levée des cautions prévues s'effectue alors d'office ;
(2) l'acte d'agrément est dénoncé et entraîne l'annulation des avantages sont prévus lorsque ceux relatifs à la phase d'installation ont été utilisés à d'autres fins que celles qui font l'objet du programme d'investissement retenu dans l'acte. Dans ce cas, les cautions sont actionnées sans préjudice du recouvrement forcé, augmenté de pénalités, des avantages indûment utilisés. La levée des cautions peut intervenir avant la fin de la période d'installation de trois (3) ans lorsque l'entreprise a atteint la phase d'exploitation avant cette date. Dans ce cas, l'entreprise peut faire une demande auprès de l'administration chargée de l'industrie, pour qu'elle assure, conjointement avec celle chargée des finances, le contrôle devant mener à la levée des cautions. Si l'administration ne procède pas audit contrôle dans un délai de quarante-cinq (45) jours à compter de la date de récépissé du dépôt de la demande, la levée des cautions s'effectue d'office tandis que l'entreprise continue de bénéficier des avantages prévus pour s phase d'installation jusqu'à la fin de la troisième (3è) année. (2) L'entreprise peut demander l'octroi de la mainlevée énoncée avant l'expiration de la période retenue lorsqu'elle obtient la mainlevée des montants cautionnés ou des cautions fournies de l'acte d'agrément à l'un des régimes organisés dans la présente ordonnance.

TROISIEME PARTIE. L'ANANLYSE DES REFORMES STRUCTURELLES ET INSTITUTIONNELLES

CHAPITRE 1. LE POTENTIEL ACTUEL DE L'AGRICULTURE DANS L'ESPACE OHADA

Section 1. Le niveau des techniques agricoles

Les techniques n'ont guère évolué. La plupart des agriculteurs se contentent des techniques culturales " ancestrales " dont le point commun est l'aspect manuel du travail. Tout au plus peut-on noter que dans certains pays (Sénégal, Cameroun, Guinée, Togo) on a enregistré les premiers progrès de la culture attelée. Les tentatives faites depuis plus de trois décennies avaient fait disparaître l'utilisation du bétail de retrait. Quelques charrues restent néanmoins dont on avait finalement mis au point des modèles adaptés aux conditions de l'agriculture de savane.

Les progrès sensibles de la production commercialisée et de la pression de l'économie moderne devraient accélérer l'érosion des structures sociales traditionnelles. La décomposition de la collectivité patriarcale au bénéfice de la famille restreinte (monogame ou polygame) gagne des régions entières. Désormais, c'est à partir du paysan africain que commence à se développer « une agriculture capitaliste moderne ». Le planteur africain reste pourtant, dans toute cette période, à la limite entre le petit producteur artisanal et l'entrepreneur capitaliste. Sa modernité tient à ce qu'il produit essentiellement pour le marché, et plus souvent pour l'exportation.

Paragraphe 1. Le retard dans le développement de l'outillage

Dans l'espace OHADA, les outils employés dans l'agriculture témoignent même de la quantité des rendements et de leur qualité. Ainsi cette agriculture est vouée à l'autoconsommation. Ces outils sont archaïques (la houe, la hache, le coupe-coupe, la pelle, le râteau) qui ne permettent pas aux agriculteurs de pratiquer une agriculture à grande échelle, ce qui entraîne une sous-exploitation des terres disponibles et un rendement très faible. Certes, avec ces outils et par rapport à la période antérieure, il est certain que la part de la production agricole exportable s'est accrue, tant en valeur qu'en quantité. La part des produits de cueillette quant à elle a continué à décliner (1/20e environ du produit de l'agriculture). L'autoconsommation (en y incluant les échanges par le troc ou même monétaires, mais dans le cadre de l'activité villageoise) absorbe les ¾ de la production agricole, les ¾ de celle du paysan en 2000.

Mais les disparités s'accentuent entre pays et dans un même pays entre régions. Tandis qu'en Afrique de l'Ouest, la production marchande est devenue prédominante (Côte-d'Ivoire, Sénégal), en Afrique Centrale, il arrive que le pourcentage de la production absorbée par l'autoconsommation augmente, du fait du déclin des cultures. De la production commercialisée, le marché intérieur, y compris les exportations clandestines, absorberait à peu près le tiers, l'exportation les deux autres tiers. La culture manuelle conduit donc les agriculteurs à pratiquer de façon régulière mais non désirée, la jachère en raison de leur incapacité à labourer dans les délais requis les vastes terres dont ils sont propriétaires. Les agriculteurs, vu leur pauvreté, préfèrent utiliser des équipements peu onéreux qui sont de fabrication locale que d'utiliser des machines venues de l'étranger qu'ils ne pourront jamais s'acheter. La culture manuelle concerne en grande partie les cultures vivrières (maïs, igname, manioc) qui sont consommés par les populations locales. Ce type de culture permet de distinguer des pratiques culturales qui sont intimement liées non seulement au produit cultivé mais aussi à la région ou à la nature du sol exploité.

Carte n°26. Le faible développement des systèmes logistiques

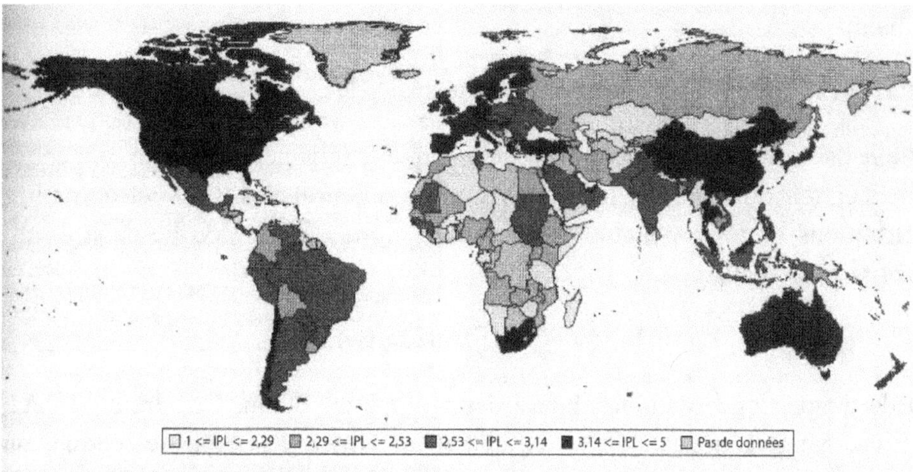

L'Afrique enregistre le faible score pour l'indice de performance logistique. Source : Banque Mondiale, 2007

Paragraphe 2. La culture en terrasses

C''est un système traditionnel particulier de cultures vivrières qu'on trouve uniquement au Nord du Togo. Dans la région de la Kara qui est connue pour ses montagnes et ses sols caillouteux, la culture en terrasse y est pratiquée depuis longtemps. Cette stratégie consiste à créer des sortes d'autels faits à l'aide de pierres qui sont surmontées de terre ferme sur laquelle les cultures sont effectuées. La culture en terrasse est exclusivement réservée et pratiquée par le peuple Kabyè qui en détient le secret.

Paragraphe 3. La technique des sillons

Pour permettre aux graines de germer dans des conditions optimales, les paysans pratiquent la technique des sillons. Ce sont de longues trachées faites à l'aide de houe ou de pelle dans lesquelles les semences sont enfouies. Cette technique est utilisée un peu partout dans l'espace OHADA et concerne le plus souvent les céréales (maïs, mil, sorgho, fonio) et la plupart des légumineuses. Elle est très importante car elle permet le maintien des plantes de céréales et les protège contre les érosions éoliennes et surtout hydriques. La réalisation des sillons est très fastidieuse mais très intéressante car elle permet aux agriculteurs de se passer du premier sarclage de leur champ.

Paragraphe 4. La technique des buttes

Pour la culture des tubercules telles que l'igname, la patate douce (à l'exception du manioc), les buttes sont incontournables. Ce sont de petites élévations de terre ponctuelles réalisées à l'aie de houe ou de daba et qui abritent les semences.

Paragraphe 5. La technique des cultures attelées

Elle est pratiquée dans la plupart des régions du Bénin, Cameroun, Tchad, Togo, Mali, Burkina-Faso, Sénégal, et au Niger. Par cette technique, on utilise un couple d'animaux identiques (le plus souvent des bovins) rattachés par une tige en bois et qui traînent derrière eux une charrue en fer pour labourer la terre. Cette traction animale permet aux agriculteurs de conserver suffisamment de force et d'énergie et leur permettant de cultiver sur de plus grands espaces. C'est une technique rentable assez rentable, mais le coût élevé de son équipement (les bovins en particulier) et leur entretien n'est pas à la portée de tous les paysans.

La culture attelée, en effet, permet de pratiquer les cultures mixtes, en même temps de combiner l'agriculture avec l'élevage. En pratique, dans la culture attelée, l'agriculteur-éleveur utilise les déchets et les rudiments produits par le bétail et en fait du fumier afin d'enrichir le sol. De même, il utilise et les produits végétaux pour nourrir son bétail. Dans ces conditions, les profits et les gains sont réciproques.

Le paysan ers obligé de faire paître son troupeau afin de préparer l'enrichissement du sol qui recevra les futures cultures. Aux premières pluies, ces animaux sont déplacés sur un autre champ et premier, terrain est utilisé pour la culture vivrière. Ce qui peut aider les agriculteurs-éleveurs à se passer d'engrais chimiques dont les coûts sont généralement élevés.

Carte n° 27. Les interventions de l'eau en faveur de la politique de la lutte contre la pauvreté

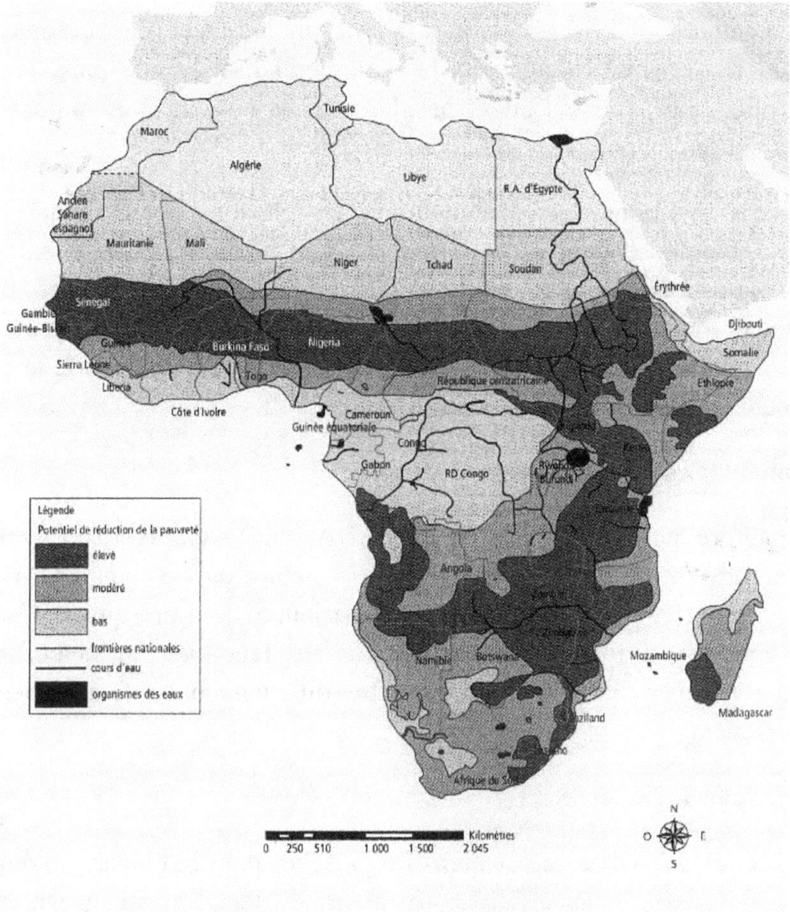

Source : Faurès et Santini, 2008

La culture attelée est très utilisée dans la région des Savanes où l'on compte plus de 45% de ces techniques. En somme, la culture attelée est à encourager à cause de son efficacité et est même considérée par les experts agricoles comme l'unique voie de développement de l'agriculture vu le prix élevé des machines agricoles.

Section 2. L'utilisation d'engrais, de pesticides et d'insecticides

Dans l'espace OHADA, la plupart des pays ne disposent d'une législation sur l'usage des engrais, des pesticides et des insecticides. De même, leur contrôle et souvent effectué de façon événementielle, en cas d'accidents ou de crises. Cependant, il existe des cahiers de charges dont les spécifications interdisent ou limitent l'accès aux agriculteurs aux produits mentionnés. Les gouvernements justifient ces politiques par le souci de préserver les populations contre l'usage et la commercialisation de ces produits dangereux. Mais, souvent aussi, par des circuits obscurs et le marché noir, certains agriculteurs réussissent à s'en procurer.

Dans ces conditions, les agriculteurs et les éleveurs optent pour l'usage d'engrais naturels (fumiers ou compost). Ces techniques, on le sait, sont moins dangereuses pour la culture des légumineuses et les céréales dont le traitement, avant la consommation n'exige pas beaucoup contraintes. Mais elles sont souvent utilisées pour les autres cultures comme le café, le cacao, les tubercules, les fruits et agrumes, le coton.

Section 3. Les facteurs de production

L'agriculture dans cette région de l'OHADA serait bien favorisée grâce à la disponibilité des terres cultivables et de la main-d'œuvre (plus de 73% des terres et environ 64 % de la population est jeune, dont presque le 1/3 n'est pas scolarisé du tout). Mais ce facteur ne joue pas en faveur de la productivité dans ce secteur qui souffre du manque de financements et d'équipements.

Paragraphe 1. La terre

L'espace OHADA regorge des terres très riches dont la plupart servent aux cultures vivrières. La superficie cultivable est évaluée à plusieurs centaine de millions d'hectares, environ 60% de la superficie totale. Mais seulement le 1/3 est cultivé, soit moins de 25% de la superficie totale et 39% de la superficie cultivable.

Tableau n° 11. Opportunités des terres agricoles

Pays	Superficie (Km²)	Terres arables (% de la superficie	Terres forestières (% de la superficie)
Bénin	22. 970	3,1	72,5
Burkina Faso	274 000	17,7	24,8
Cameroun	475 440	12,8	45,6
Comores	1861	35,9	2,2
Congo	342.000	1,4	65,8
Côte d'Ivoire	322.460	10,4	32,7
Gabon	267.670	1,3	84,5
Guinée Bissau	28050	10,7	73,7
Guinée Equatoriale	1.240.190	4,6	58,2
Mali	1.240.190	3,9	10,3
Maurice	2040	49,3	18,2
Sao Tomé et principe	960	8,3	28,1
Sénégal	196.720	12,8	45,0
Tchad	1.284.000	2,9	9,5
Togo	56.790	46,1	7,1
République Centrafricaine	623.000	3,1	36,5
RDC	2.344.000	3,0	58,9

Source : Programme/Projet de Développement Rural Intégré (PDRI) 2007

N.B. L'on note la désertification progressive et la menace de plus de 20% des terres émergées, soit 300 à 400 millions km2 de zones arides ou semi-arides dû à l'épuisement des terres et aux baisses des rendements, au surpâturage (multiplication du bétail sur des surfaces qui diminuent, la végétation naturelle ne pousse plus, au déboisement (le bois est utilisé comme combustible et les coupes illégales et monstrueuses par les autorités à des fins d'exportations, irrigation inappropriée, recul et disparition de la jachère.

Les terres des régions tropicales humides, des forêts de la République Démocratique du Congo, du Cameroun, du Gabon et du Congo-Brazzaville sont riches et cultivables en toutes saisons. On y cultive en particulier le manioc, la pomme de terre, les ignames, les patates douces et les tarots, le café, le cacao, la canne à sucre, les safou, les bananes, les ananas, les oranges, les autres fruits, les ananas, les arachides, les légumineuses et le palmier à huile. Les terres de la région des Plateaux sont réputées pour leur richesse en raison de la présence de volcans éteints dans ces régions. Par contre, les innombrables pierres de certaines régions les rendent pratiquement inexploitables.

Paragraphe 2. Le problème de la main-d'œuvre

C'est le point fort de l'agriculture des pays membres de l'OHADA qui détient à eux seuls 76% de la population active. La majorité de la population est illettrée et continue de pratiquer l'agriculture selon des modes traditionnels. De façon générale, la main d'ouvre est constituée surtout des membres de la famille (les enfants) et de l'embauche temporaire extérieure à l'exploitation. On trouve également sur les exploitations des cousins, des neveux, des beaux-frères qui apportent leur aide à la production sans être rémunérés de façon directe.

Ce type de main d'œuvre est responsable de la surpopulation des régions rurales où les parents, en quête de bras valides, ne contrôlent plus le nombre de naissances. Et c'est justement grâce aux maigres revenus de l'agriculture que les parents peuvent nourrir leur famille, payer la scolarisation de leurs enfants, faire face aux dépenses de santé et améliorer leurs conditions de vie

Section 4. Les espèces cultivables

En dehors des cultures destinées à la commercialisation, plus de 85% espèces y sont cultivées dans le cadre de l'agriculture vivrière. L'espace OHADA produit comme céréales le maïs, le sorgho, le riz, le mil.

Tableau n°12. La production de canne à sucre (en kilo tonnes) pour l'ensemble des pays

Années	1994	1997	2000	2003	2005	2007
Canne à sucre	453613	488712	534456	547621	513642	5453372

Source: Banque Africaine de Développement (BAD) 2

Photographie n° 1. Le palmier à huile

Un récolteur de « Tsamba » (HDA Photo du 16 mai 2016)

Tableau n°13. La production de palmiers à huile (en kilo tonnes) pour l'ensemble des pays

Années	1994	1997	2000	2003	2005	2007
Manioc	567451	544365	561876	560989	612354	599432

Source: Banque Africaine de Développement (BAD) 2007

Photographie n° 2. Une boisson de palmier

Le « Tsamba », une boisson à base de la sève de palmier à huile et très consommée au Congo, au Gabon, en RDC, au Cameroun et en RCA (HDA Photo du 12 août 2016)

Tableau n°14. La production de caoutchouc (en kilo tonnes) pour l'ensemble des pays

Ann	20	20	20
Caoutchouc	607 312	756 309	887 998

Source: Banque Africaine de Développement (BAD) 2007

Tableau n°15. La production du manioc (en kilo tonnes) pour l'ensemble des pays

Années	1994	1997	2000	2003	2005	2007
Manioc	1206432	234562	40259	554484	419570	367570

Source: Banque Africaine de Développement (BAD) 2007

Tableau n°16. La production de bananes (en kilo tonnes) pour l'ensemble des pays

Années	1994	1997	2000	2003	2005	2007
Bananes	423641	324123	421324	435671	326543	345230

Source: Banque Africaine de Développement (BAD) 2007

Photographie n°3. La banane

Hygin Didace AMBOULOU dans son verger. On y voit des bananiers (HDA Photo du 5 février 2019)

Tableau n°17. La production d'ignames (en kilo tonnes) pour l'ensemble des pays

Années	1994	1997	2000	2003	2005	2007
Ignames	321245	543435	432564	345346	435556	543240

Source: Banque Africaine de Développement (BAD) 2007

Tableau n°18. La production de tarots (en kilo tonnes) pour l'ensemble des pays

Années	1994	1997	2000	2003	2005	2007
Tarots	354632	476238	437654	451632	453217	409654

Source: Banque Africaine de Développement (BAD) 2007

Tableau n°19. La production de la pomme de terre (en kilo tonnes) pour l'ensemble des pays

Années	1994	1997	2000	2003	2005	2007
Ignames	367518	409573	455731	433598	469499	546312

Source: Banque Africaine de Développement (BAD) 2007

Tableau n°20. La production de patates douces et tarots (en kilo tonnes) pour l'ensemble des pays

Années	1994	1997	2000	2003	2005	2007
Patates	234543	356453	543213	432613	342165	5342532

Source: Banque Africaine de Développement (BAD) 2007

Tableau n°21. La production du cacao (en kilo tonnes) pour l'ensemble des pays

Années	1994	1997	2000	2003	2005	2007
Cacao	542981	467573	546786	665732	567243	543791

Source: Banque Africaine de Développement (BAD) 2007

Tableau n°22. La production du café (en kilo tonnes) pour l'ensemble des pays

Années	1994	1997	2000	2003	2005	2007
Café	446578	765423	678365	671632	548562	556775

Source: Banque Africaine de Développement (BAD) 2007

Tableau n°23. La production de fruits (en kilo tonnes) pour l'ensemble des pays

Années	1994	1997	2000	2003	2005	2007
Fruits	532165	413726	465786	543768	573465	466754

Source: Banque Africaine de Développement (BAD) 2007

Tableau n°24. La production de safou (en kilo tonnes) pour l'ensemble des pays

Années	1994	1997	2000	2003	2005	2007
Safou	43613	48712	54456	57621	53642	53372

Source: Banque Africaine de Développement (BAD) 2007

Photographie n°4. Une vue d'un verger (1)

Hygin Didace AMBOULOU dans son verger. On y trouve des safoutiers, des manguiers et des corossoliers (HDA Photo du 24 juin 2018)

Tableau n°25. La production d'oranges (en kilo tonnes) pour l'ensemble des pays

Années	1994	1997	2000	2003	2005	2007
Oranges	143432	233362	402229	554433	415575	367300

Source: Banque Africaine de Développement (BAD) 2007

Tableau n°26. La production d'ananas (en kilo tonnes) pour l'ensemble des pays

Années	1994	1997	2000	2003	2005	2007
Ananas	453613	488712	534456	547621	513642	5453372

Source: Banque Africaine de Développement (BAD) 2007

Photographie n°5. Une vue d'un verger (2)

Hygin Didace AMBOULOU et son épouse Sidonie dans leurs cultures d'ananas. On y voit aussi des orangers et des palmiers derrière leur habitation (HDA Photo du 21 février 2015)

Tableau n°27. La production du maïs (en kilo tonnes) pour l'ensemble des pays

Années	1994	1997	2000	2003	2005	2007
Maïs	165432	242562	321159	543484	456570	433570

Source: Banque Africaine de Développement (BAD) 2007

Photographie n°6. L'alcool à base de maïs

Le « Boganda » est de l'alcool à base de maïs. Il est très consommé à la Centrafrique, au Congo-Kinshasa, au Congo-Brazzaville, au Cameroun et au Gabon (HDA Photo du 25 avril 2017)

Tableau n°28. La production du riz (en kilo tonnes) pour l'ensemble des pays

	1994	1997	2000	2003	2005	2007
Riz	40 367	79 534	99 244	98 763	89 057	98 461

Source: Banque Africaine de Développement (BAD) 2007

Tableau n°29. La production du sorgho (en kilo tonnes) pour l'ensemble des pays

Années	1994	1997	2000	2003	2005	2007
Sorgho	63 102	56 876	50 645	42 786	42 654	54 337

Source: Banque Africaine de Développement (BAD) 2007

Tableau n°30. La production du mil (en kilo tonnes) pour l'ensemble des pays

Années	1994	1997	2000	2003	2005	2007
Mil	162994	176854	171085	166598	151699	174658

Source: Banque Africaine de Développement (BAD) 2007

Tableau n°31. La production de tomates et autres épices (en kilo tonnes) pour l'ensemble des pays

Années	1994	1997	2000	2003	2005	2007
Tomates	547621	564532	521731	543716	642180	55537190

Source: Banque Africaine de Développement (BAD) 2007

Tableau n°32. La production d'autres légumineuses (en kilo tonnes) pour l'ensemble des pays

Années	1994	1997	2000	2003	2005	2007
Légumes	563781	562763	456678	666897	546752	547562

Source: Banque Africaine de Développement (BAD) 2007

Tableau n°33. La production de poivrons (en kilo tonnes) pour l'ensemble des pays

Années	1994	1997	2000	2003	2005	2007
Poivrons	1206432	234562	40259	554484	419570	367570

Source: Banque Africaine de Développement (BAD) 2007

Tableau n°34. La production de gingembre s (en kilo tonnes) pour l'ensemble des pays

Années	1994	1997	2000	2003	2005	2007
Gingembre	234542	234562	444859	234884	432570	368570

Source: Banque Africaine de Développement (BAD) 2007

Tableau n°35. La production d'autres épices (en kilo tonnes) pour l'ensemble des pays

Années	1994	1997	2000	2003	2005	2007
Autres épices	143432	233362	402229	554433	415575	367300

Source: Banque Africaine de Développement (BAD) 2007

Tableau n°36. La production de la volaille (en kilo tonnes) pour l'ensemble des pays

Ann ées	20 03	20 05	20 07
Volailles (nombre)	9 607 312	10 756 309	37 887 998

Source: Banque Africaine de Développement (BAD) 2007

Photographie n°7. Le petit élevage domestique de poulets

Des poulets du petit élevage domestique. Ici, les « Poulets Batéké dans une ferme familiale à Ngania-Ollombo (HDA Photo du 11 septembre 2019)

Tableau n°37. La production de caprins et ovins (en kilo tonnes) pour l'ensemble des pays

Ann ées	20 03	20 05	20 07
Capr	13 532 367	14 754 905	12 901453
Ov ins	11 985 607	11 216 433	11 216 090

Source: Banque Africaine de Développement (BAD) 2007

Tableau n°38. La production de porcins (en kilo tonnes) pour l'ensemble des pays

Années	2003	2005	2007
Porcins (nombre)	578 670	435 700	540 100

Source: Banque Africaine de Développement (BAD) 2007

Tableau n°39. La production de bovins (en kilo tonnes) pour l'ensemble des pays

Années	2003	2005	2007
Bovins (nombre)	432 700	432 532	563 700

Source: Banque Africaine de Développement (BAD) 2007

Section 5. Les différentes pratiques de la pêche

L'activité halieutique dans l'espace OHADA est assez modeste et est très pratiquée par les riverains de la côte Loango de Pointe-Noire, et finalement toutes les côtes maritimes du Golfe de Guinée, à la limite des eaux continentales. Elle rapporte néanmoins 175 milliards de F CFA et fait vivre directement environ 13 454 000 personnes, d'après FAO (Organisation des Nations Unies pour l'alimentation et l'agriculture). On distingue différents types de pêches qui se caractérisent chacun par leurs techniques :

Photographie n° 8. La pêche maritime artisanale

Une vue du port des pêcheurs artisanaux à Pointe-Noire (HDA Photo du 16 janvier 2016)

Paragraphe 1. La pêche maritime artisanale

Les techniques de pêche varient selon les régions, les saisons et les endroits. Cette activité apporte à elle seule 65 à 85% de la production halieutique totale et emploie des et techniques des méthodes assez rudimentaires tels que la senne tournante et coulissante, la ligne et l'hameçon, les filets. Dans les étangs et quelques ruisseaux, certains pêcheurs pratiquent la technique de l'empoisonnement, bien qu'elle soit interdite.

Photographie n° 9. La pêche maritime artisanale

Des pirogues et des filets de pêche maritime artisanale à Pointe-Noire (HDA Photo du 16 janvier 2016)

Paragraphe 2. La pêche maritime industrielle

Ici, la flotte n'est pas importante et demeure tenue pour l'essentiel, par les exploitants européens. La pêche industrielle est exercée essentiellement par des chalutiers de faible productivité. Il faut toutefois souligner que les ports de pêche de Cotonou, Pointe-Noire, Dakar, Douala, Matadi, Lomé et autres offrent le plus de facilités aux activités de pêche maritime pour les compagnies internationales surtout celles de l'Union Européenne.

Photographie n°10. La pêche artisanale dans une rivière

Un pêcheur à l'épervier dans la Likouala aux herbes (HDA Photo du 19 mai 2018)

Paragraphe 3. La pêche lagunaire

Elle est pratiquée dans les lagunes. Dans ce type de pêche, on utilise les filets maillants, les palangres, les éperviers, les nasses, les pièges à crabes, les sennes à crevettes.

Photographie n° 11. La pêche artisanale dans un lac

Un pêcheur à la ligne dans le lac Libela vers Bohoulou, Mossaka (HDA Photo du 4 septembre 2017)

Paragraphe 4. La pêche continentale

Elle est pratiquée dans les cours d'eau (fleuves, ruisseaux, lacs, étangs, etc.), les zones d'inondation et les barrages. Les techniques utilisées sont les mêmes que ceux de la pêche lagunaire. Les principales captures sont le Tilapia, la carpe, le silure, l'anguille, les crabes, les écrevisses, la Sardine, le Thon, le Hareng, l'Anchois, les Carangues, etc.

Photographie n° 12.La pêche artisanale dans une lagune

Un pêcheur artisanal dans la Nkeme en pays Moye (HDA Photo du 15 juillet 2016)

La production halieutique nationale ces dernières années est la suivante :

Tableau n°40. La production halieutique(en kilo tonnes) pour l'ensemble des pays

Années	2003	2005	2007
Production halieutique (tonnes)	23 219	28 876	30 134

Source: Banque Africaine de Développement (BAD) 2007

Photographie n° 13. Les poissons fumés

Une exposition de paniers de poissons fumés au marché hebdomadaire de Bouemba (HDA Photo du 22 mai 2017)

CHAPITRE 2. LES POLITIQUES AGRICOLES DANS LES REGIONS EN CONFLITS

Section 1. La politique humanitaire et sécuritaire

Les événements socio-politiques de ces dernières années ont aggravé la situation économique déjà préoccupante, fragilisant ainsi et sécuritaire dans certaines régions des pays membres de l'OHADA en conflits (Cameroun, République Démocratique du Congo, Burkina-Faso, Mali, Bénin, Tchad). En dépit de l'amélioration progressive de la situation humanitaire (Centrafrique, République Démocratique du Congo, les gouvernements de ces pays sont conscients de l'existence des besoins encore urgents et de la nécessité de renforcer le processus de pacification et de remise en confiance des populations, en cours depuis les années 2000. Au-delà de ce besoin d'assistance humanitaire, il y a la nécessité d'assurer la réinsertion des populations dans leurs communautés d'origine. Dans le contexte actuel, le besoin sécuritaire devient un préalable, pour mettre en œuvre, soutenir et exécuter des politiques agricoles dans le but de la relance économique et sociale.

Dans cette perspective, les gouvernements de ces pays doivent se fixer les objectifs suivants :

- Poursuivre et renforcer le volet humanitaire à travers l'amélioration effective de l'accès à l'intérieur du pays et la fourniture des services sociaux de base aux populations ;
- Apporter des réponses à des besoins alimentaires essentiels de la population, notamment à travers la distribution des semences, en préparation des prochaines saisons agricoles ;
- Assurer la libre circulation des personnes et des biens ;
- Protéger les investissements.

Les gouvernements, dans la réalisation de ces objectifs solliciteront le renforcement des actions des organisations humanitaires présentes dans leurs pays respectifs. Ils doivent prendre en compte les doléances formulées par les agriculteurs concernant le manque de confiance dans les décisions politiques. Des mesures spécifiques doivent être prises et doivent être renforcées afin d'assurer un climat de sécurité et de confiance, dans l'exercice des activités économiques et agricoles sur l'ensemble des territoires concernés.

Paragraphe 1. La politique de réhabilitation

L'état actuel de détérioration et le manque d'entretien caractérisent les infrastructures, des équipements et des bâtiments agricoles, situation aggravée par les actes de violence perpétrés par les groupes armés. Et ces infrastructures endommagées constituent une entrave au fonctionnement normal de l'activité agricole et de l'économie. Les gouvernements doivent donc dans le cadre des politiques efficaces se fixer des objectifs suivants :

- Poursuivre les réparations des infrastructures, des équipements et des bâtiments touchés ;
- Amorcer l'œuvre de reconstruction.

L'appui des partenaires extérieur de développement doit être sollicité pour permettre la traduction dans les faits, des orientations telles qu'elles viennent d'être suggérées.

Carte n° 28. Les zones sous-tendant la crise économique et les conflits

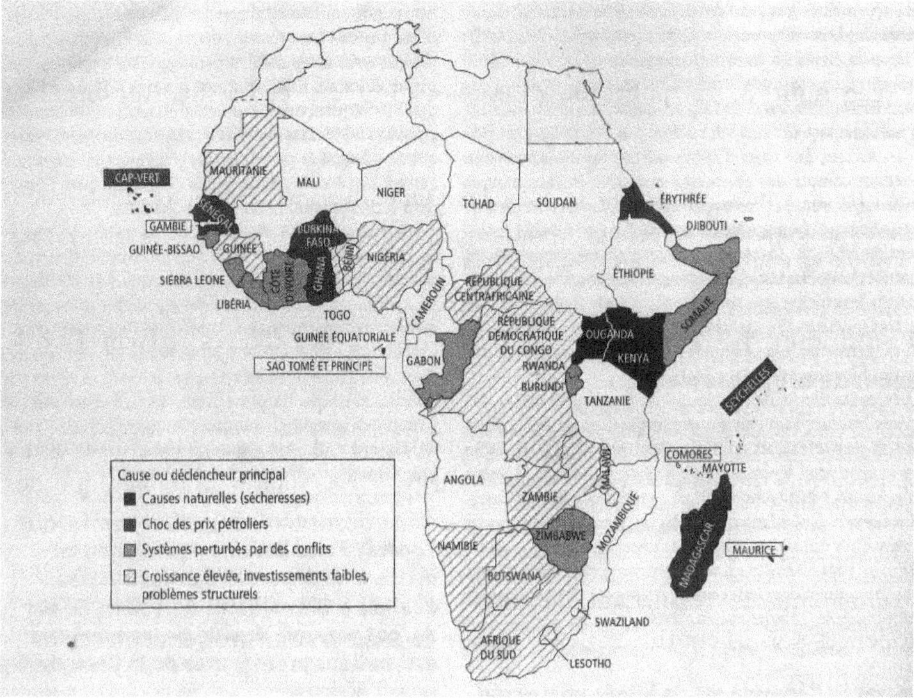

Source : Eberhard et coll. 2008.

Paragraphe 2. La politique de démobilisation et de réinsertion des jeunes

La crise économique, politique et morale est un facteur déterminant de la participation de nombreux jeunes aux différentes actions des milices et des groupes armées. Acteurs et victimes des évènements sociopolitiques, ils font pour la plupart l'objet d'une exclusion sociale systématique par leurs parents et la société du fait du désœuvrement.

Ces jeunes qui portent les séquelles ce ces violences (traumatisme physique et/ou psychique grave), parfois méconnues d'eux-mêmes, se réfugient pour certains dans leur exutoire et vivent en bandes. Une telle situation, facteur d'insécurité, n'est pas de bon augure et serait une menace potentielle pour la cohésion et la paix sociales.

Toutefois, en raison de l'insuffisance des ressources financières et des capacités humaines, les gouvernements doivent solliciter l'assistance technique et financière de la communauté internationale afin de réaliser ces objectifs.

Paragraphe 3. La politique d'amélioration du, cadre institutionnel et politique

Les forums nationaux pour la paix, les Dialogues inter fractions, contribuent souvent dans ce genre de situations au retour de la paix et de la vie démocratique.

Paragraphe 4. La politique de dynamisation des filières agricoles et de sécurité alimentaire.

Des politiques de redressement économique et de sécurité alimentaire doivent être mises en place pour contribuer à restaurer la dynamique des filières agricoles fortement perturbées et désorganisées. Ces politiques permettront :
- d'amorcer la relance de la production agricole brute dans les zones touchées par les conflits et de réinsérera les acteurs sinistrés et déplacés dans leurs filières ;
- d'encourager de nouveaux arrivants dans la profession (développement des jardins de case) ;
- la relance de quelques élevages porcins dans les zones touchées par les évènements ;
- relancer d'anciennes activités dans la zones touchées par les évènements ;
- stimuler le développement de nouvelles activités de transformation (fabrication mécanisée du manioc par exemple).
- viabiliser l'environnement pour que les programmes de développement puissent trouver un contexte sectoriel plus favorable ;
- redynamiser la filière agricole en appuyant l'action des producteurs grâce à des cessions à prix subventionnés d'intrants et petit équipement sélectionnés parmi les plus déterminants ;
- stimuler des activités de petits éleveurs, en leur apportant à prix subventionné cheptel et petit équipement d'élevage ;
- créer la valeur ajoutée dans les zones rurales où ont lieu les activités de production. Cette création locale de richesse est un élément déterminent de la lutte contre la pauvreté et l'exode rural.

Tableau n° 41. Evolution du commerce des produits agricoles (a)

Produits	Echanges en tant que part du PIB (%)	Indice de difficulté d'expédition (indice)	Tarifs / obligations douaniers moyens (% de la valeur importée)	Part des échanges avec pays voisins (% du total des échanges)
Pain	39,6	12,4	24,5	20,4
Biscottes	35,8	17,0	12,7	40,7
Pâtes alimentaires	52,7	13,2		12,4
Farine, riz	47,13	11,9		0,0
Pomme de terre	137,0	17,1	6,6	
Légumes frais	92,3	14,7	43,6	20,2
Légumes secs	89,1	10,6		2,4
Conserves de légumes	95,4	10,9		
Agrumes	144,7	13,3		
Bananes	72,3	16,2	3,8	25,1

Source : Programme/Projet de Développement Rural Intégré (PDRI) 2007
N.B. Ce tableau montre le niveau faible du commerce des pays membres de l'OHADA

Paragraphe 5. La politique de développement des cultures vivrières et de la pisciculture

Une telle politique vise à :

- Appuyer la relance de la production agricole;
- Appuyer la relance du petit élevage périurbain
- Appuyer la transformation locale des produits agricoles

Dans le cadre de la mise en œuvre d'une telle politique:

- l'approche stratégique repose sur la responsabilité des pays participant propriétaires des programmes ;
- la concentration des efforts dans les zones susceptibles d'un développement agricole durable ;
- la priorité donnée aux productions de base ;

L'approche participative dans le processus de décision et la réalisation par phase pilote, soit une phase pilote de deux (2) à trois (3) ans suivie d'une phase d'expansion.

Une phase pilote réussie doit être suivie d'une phase d'extension plus ambitieuse portant sur la mise en œuvre de solutions techniques, de mesures politiques et de programmes d'investissement et de renforcement des capacités nationales nécessaires pour surmonter les problèmes qui freinent l'augmentation durable de la production. Le programme spécial pour la sécurité alimentaire s'articule autour de quatre (4) composantes qui constituent les paliers de la sécurité alimentaire. Ces composantes sont :

- La maîtrise de l'eau ;
- L'intensification des systèmes de production agricoles de base ;
- La diversification des ressources de l'exploitation ;
- L'analyse des contraintes socio-économiques.

Une telle politique mise sur plusieurs actions et se propose de :

- Contribuer à la sécurité alimentaire nationale par l'accroissement durable de la production vivrière dans la zone concernée. Sa conception de la sécurité alimentaire est globale ;
- Mettre l'accent sur les premiers éléments du triptyque de la sécurité alimentaire (disponibilité-stabilité-accessibilité). Il met un accent particulier sur l'aspect production de la sécurité alimentaire et sur l'offre globale.
- Capitaliser de nombreuse expériences et projets exécutés dans le pays et ailleurs dans le monde, afin d'en tirer les enseignements en vue notamment de minimiser les risques dans l'appropriation des thèmes relatifs à l'augmentation de la production vivrière de base ;
- Mobiliser des ressources humaines et financières pour des objectifs simples : meilleure gestion de l'eau, intensification sur un nombre limité de productions végétales essentielles, et diversification vers les élevages de cycle court ;
- Faire contribuer tous les acteurs au développement par une approche participative claire, notamment dans l'identification des contraintes ressenties par les paysans et la formulation des solutions appropriées, d'où l'importance des enquêtes de diagnostic participatif.
- Accorder une grande importance au suivi/évaluation des performances pour chaque composante, de façon à coller le plus possible à la réalité du terrain et à privilégier l'impact durable des actions du projet ;

- Maîtriser les ressources en eau grâce à des microsystèmes de maîtrise de l'eau qui les protégeront des aléas climatiques (sécheresse, inondation) ;
- Augmenter la productivité des cultures de l'élevage et de la pisciculture ;
- Identifier les obstacles socioéconomiques à la production, à la commercialisation et à la transformation des produits agricoles ;
- Mettre au point, pour chaque zone écologique, des systèmes de production économique viables permettant de réaliser des projets ayant une bonne rentabilité ;
- Etablir des programmes sectoriels et nationaux pour l'agriculture et des plans d'investissement assurant à la fois la sécurité alimentaire et un régime équilibré pour tous.

Tableau n° 42. Evolution du commerce des produits agricoles (b)

Produits	Echanges en tant que part du PIB (%)	Indice de difficulté d'expédition (indice)	Tarifs / obligations douaniers moyens (% de la valeur importée)	Part des échanges avec pays voisins (% du total des échanges)
Agrumes	144,7	13,3		
Bananes	72,3	16,2	3,8	25,1
Fruits frais	127,1	17		0,0
Conserves de fruits et confitures	38,9	16,3		20,7
Bœufs		9,1		3,1
Volaille	69,8	13,6	33,1	9,1
Moutons				
Porcs				
Poissons, crustacés,	97,3	15,7		
Œufs	83,9	8,1		28,1
Huiles alimentaires	35,5	17,2	19,4	16,1
Sucre	70,4	15,4	27,4	12,2
Lait	84,2	11,4	10,6	9,3
Chocolat et cacao	98	14,3	42,3	31,3
Nescafé et café	32,3	7,8	23,5	29,3

Source : Programme/Projet de Développement Rural Intégré (PDRI) 2007
N.B. Ce tableau montre le niveau faible du commerce des pays membres de l'OHADA

Photographie n° 7. Du poisson frais

Une capture d'une pêche artisanale dans un étang (HDA Photo du 2 avril 2018)

CHAPITRE 3. LA POLITIQUE DE CREATION D'EMPLOIS ET DE REDUCTION DE LA PAUVRETE

Section 1. La politique de création d'emplois durables

Depuis plus d'une décennie, l'offre d'emplois et les possibilités d'accès des populations aux revenus n'ont cessé de se détériorer dans tous les secteurs de l'économie. L'espace OHADA fait face à un chômage important, estimé en 2005 à plus de 27 000 000 de personnes, pour une population active globale de 75 000 000. Le chômage est aggravé par les crises sociopolitiques qu'ont connues la plupart de ces Pays.

La fonction publique, jadis considérée comme principale pourvoyeuse d'emplois a, de nos jours, montré ses limites. Du fait des contraintes budgétaires actuelles, les recrutements ont été gelés en vue de la réduction des dépenses de personnel. Le secteur moderne (environ 7 000 entreprises en 2009) n'est plus en mesure de garantir un emploi salarié aux populations, particulièrement aux jeunes, compte tenu des rigidités structurelles auxquelles il est confronté ainsi que de la faible productivité et du niveau très bas des investissements consentis. Bien plus les possibilités de création d'emplois paraissent encore plus faibles à cause de la quasi paralysie de ce secteur, dans les zones économiques fortement touchées par les conflits, particulièrement certaines régions du Cameroun, Mali, Tchad, Burkina-Faso, la République Démocratique du Congo et la Centrafrique.

En conséquence, il devient impératif de préparer les populations, notamment les jeunes, à se prendre en charge en les orientant résolument vers les nouveaux secteurs d'activités.

Le secteur des PME-PMI, environ 6000 entreprises en 2009 offre de nombreuses possibilités de création d'emplois mais se heurte à des difficultés internes et à l'absence d'une politique d'appui à son développement. Les différentes politiques de développement prônées à ce jour, se sont avérées inappropriées et les mesures prises inadéquates ou insuffisantes pour induire une forte création d'emplois.

Le secteur rural possède d'énormes opportunités de création d'emplois, principalement dans l'agriculture. Cependant, il, est confronté aux contraintes d'ordre technique à savoir la pénibilité des taches exécutées par les actifs ruraux qui utilisent des outils de travail rudimentaires et des techniques de production à faible rendement. A cela, s'ajoute la dégradation des infrastructures de développement rural (entrepôts de stockage de produits, voies de communication, électrification, irrigation), sans oublier la rigueur des saisons, du dérèglement climatique, des sècheresses et des inondations, ainsi que le faible accès des populations aux services sociaux.

Le secteur informel, plus ouvert, reste aujourd'hui le seul à avoir une offre d'emplois considérable, en raison du délaissement du secteur privé moderne et du tarissement des possibilités d'embauche dans la fonction publique. Ce secteur apparaît davantage comme l'alternance sûre en matière de création d'emplois. Cependant, il se heurte à l'indifférence des pouvoirs publics, au manque d'organisation et de qualification des acteurs en présence et à une moindre considération sociale. Ainsi, la question actuelle de l'emploi dans l'espace OHADA se résume pour l'essentiel à l'insuffisance de l'offre. Il est impératif de créer les conditions de promotion et de développement de l'emploi productif et durable pour l'ensemble de l'économie de la région, en mettant l'accent particulier sur les secteurs de base et d'appui.

Section 2. La politique de réduction de la pauvreté

Une étude récente sur l'évaluation de la pauvreté a abouti aux conclusions suivantes :

- La pauvreté a été aggravée en dix (10) ans, avec une chute de 58% du pouvoir d'achat ;
- Environ 30% de la population des zones urbaines vivaient en dessous du seuil de pauvreté présomptif (1dolar par jour de dépense par personne). Ce taux est passé à 70% ces dernières années. La pauvreté est plus criarde dans les zones rurales que dans les centres urbains.
- La rareté des services de santé, d'assainissement et d'éducation de base à fait baisser le niveau de vie de la population et a aggravé la pauvreté ;
- La dégradation du milieu physique s'est traduite par une recrudescence des maladies endémiques (paludisme, maladies respiratoires, diarrhées, choléra, fièvre typhoïde, VIH/SIDA, des parasitoses et des dermatoses chez les groupes défavorisés ;
- La dégradation du réseau routier a réduit les opportunités de commerce, d'approvisionnement des villes et d'accroissement des revenus aussi bien en zones urbaines qu'en zones rurales ;

Dans ces conditions, les gouvernements doivent :

- Réorienter le rôle de l'Etat en concentrant ses efforts sur le maintien des infrastructures sociales et économiques essentielles ;
- Mettre en place un environnement favorable aux affaires pour permettre la création d'emplois ;
- Appuyer le développement des ressources humaines ;
- Instituer un filet de sécurité pour les catégories sociales les plus vulnérables ;
- Protéger la qualité de l'environnement physique ;
- Améliorer le revenu réel par tête d'habitant par la distribution des revenus convenables et réguliers aux agents économiques ;
- Redynamiser les politiques sociales;
- Redynamiser la fonction sociale de la justice ;
- Assurer une meilleure répartition des ressources au profil des services sociaux de base.

Section 3. La politique d'intégration régionale

Les pays de l'espace OHADA entendent mettre à profit leur appartenance aux ensembles économiques régionaux, notamment CEMAC, CEEAC, CEDEAO…Ces communautés économiques ou monétaires intégrées et multidimensionnelles constituent des cadres institutionnels adéquats pour le développement harmonieux et solidaire des Etats membres à travers la convergence des politiques macro-économiques, la stabilité, la création d'un marché commun et l'harmonisation des politiques sectorielles.

Tableau n° 43. Intégration régionale (année 2006)
Sources : PNUD 2007

Pays	Echanges en tant que part du PIB (%)	Indice de difficulté d'expédition (indice)	Tarifs / obligations douaniers moyens (% de la valeur importée)	Part des échanges avec pays voisins (% du total des échanges)
Bénin	39,6	12,4	24,5	20,4
Burkina Faso	35,8	17,0	12,7	40,7
Cameroun	52,7	13,2		12,4
Comores	47,13	11,9		0,0
Congo	137,0	17,1	6,6	
Côte-d'Ivoire	92,3	14,7	43,6	20,2
Gabon	89,1	10,6		2,4
Guinée-Conakry				
Guinée Bissau	95,4	10,9		
Guinée Equatoriale	144,7	13,3		
Mali	72,3	16,2	3,8	25,1
Maurice	127,1	17		0,0
Niger	38,9	16,3		20,7
Sao-tomé et principes		91		3,1
Sénégal	69,8	13,6	33,1	9,1
Tchad	97,3	15,7		
Togo	83,9	81		28,1
RCA	35,5	17,2	19,4	16,1
RDC	70,4	15,4	27,4	

Aux fins d'accélérer le processus d'intégration régionale, des efforts doivent être consentis par les gouvernements qui doivent s'employer à faciliter la circulation des personnes et des biens. Cette amélioration est recherchée dans le cadre d'un processus global, cohérent et simplifié qui tient compte des intérêts de chaque pays.

Les réformes suscitées, associées à l'amélioration des infrastructures de transport et du climat des affaires visent à stimuler le flux des échanges intra-communautaires et des investissements qui devront générer des emplois et apporter des recettes additionnelles aux budgets des Etats, au moyen des recettes fiscales.

Tableau n°44. Infrastructures de transport
Sources : Banque Mondiale 2007

Pays	Superficie (km^2)	Aéroports avec pistes en dur (nombre)	Ports et terminaux (nombre)	Densité ferroviaire km de rail/100km²	Densité routière (km de route / 100km²)
Bénin	112.620	1	1	0,7	17,2
Burkina Faso	274.000	2	0	0,2	48,0
Cameroun	475.440	11	2	0,2	10,7
Comores					
Congo	342.000	9	1	0,3	5,1
Côte-d'Ivoire	322.460	7	3	0,2	25,2
Gabon	267.670	4	1	0,3	3,6
Guinée Bissau	36.120	3	1		12,3
Guinée Equatoriale	28.050	3	1		
Mali	1240190	5	0	0,1	1,5
Niger	1.267.000	4	0		1,1
Sénégal	196.720	8	3	0,5	7,1
Tchad	1.284.000	5	0		
Togo	56.790	6	2	1,0	
Sao-tomé et principes	960	2	1		
RCA	623.000	3	0		
RDC	2.344.860	27	4		

QUATRIEME PARTIE. L'ACCES AUX MARCHES DES PRODUITS AGRICOLES

CHAPITRE 1. LA POLITIQUE DES PRIX DES PRODUITS AGRICOLES

Soucieux d'accroître la production agricole au moindre coût, les gouvernements s'efforcent d'inciter les agriculteurs à moderniser leurs techniques de production en leur proposant des innovations mais plutôt difficiles à mettre en œuvre. L'intervention de l'Etat vise alors à favoriser la mise au point de nouvelles techniques, la conception ou la création de nouveaux moyens de production (variétés, outils, matériels, etc.), et leur diffusion auprès des agriculteurs. Des instituts de recherche agronomique et des services de vulgarisation peuvent être créés à cet effet. L'un des problèmes essentiel à résoudre est alors celui des liens à créer entre la recherche et les producteurs, pour que les innovations puissent être adoptées rapidement par le plus grand nombre et mises en œuvre à grande échelle. La vulgarisation agricole a pour fonction de fournir aux agriculteurs les références techniques dont ils peuvent avoir besoin pour modifier leurs systèmes de production en connaissance de cause.

Rares sont aujourd'hui les gouvernements qui laissent varier les prix des produits agricoles en fonction des seuls mécanismes « spontanés » du marché. Nombreux sont ceux qui cherchent au contraire à en maîtriser l'évolution par des interventions diverses : droits de douane, subventions, contingentements des productions, etc. Ces politiques de prix, tiennent généralement compte de l'évolution prévisible et différentielle des conditions de productivité à plus ou moins long terme. Les interventions de l'Etat visent surtout à atténuer les variations brutales des cours de produits agricoles et permettre ainsi aux exploitants de penser leurs investissements sur la base d'évolutions des prix relativement garanties. Le niveau respectif des différents prix peut alors avoir des répercussions considérables, sur les orientations de la production agricole et le maintien en activité d'un plus ou moins grand nombre d'exploitations.

Carte n°29. Les modalités d'accès aux marchés mondiaux

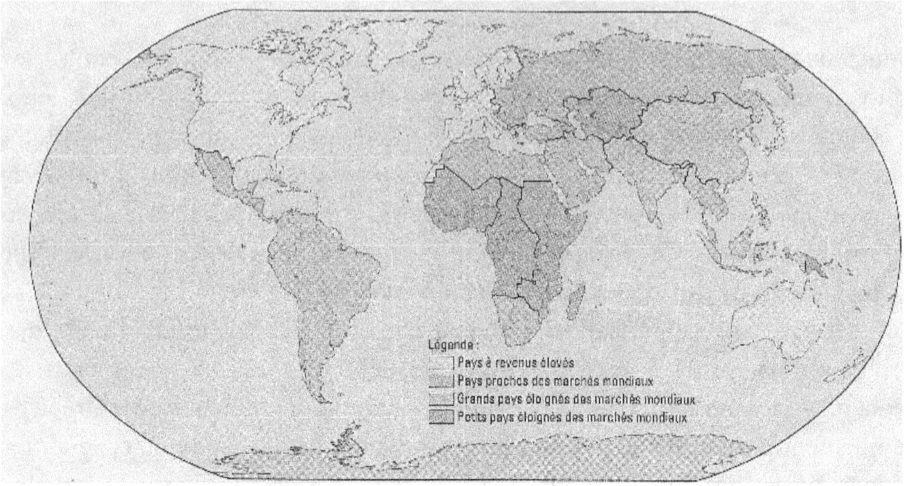

Source : Equipe du rapport sur le développement dans le monde 2009. Ici, l'accès potentiel aux principaux marchés mondiaux différencie les régions du monde en développement

Section 1. La protection des marchés intérieurs

Le protectionnisme en agriculture trouve généralement son origine dans le souci d'assurer les conditions nécessaires à la sécurité des approvisionnements agro-alimentaires. La crainte de pénurie, de blocus, ou d'embargo incite les gouvernements à protéger leurs agriculteurs de la concurrence internationale.

La protection des marchés intérieurs dans l'espace OHADA n'aurait aucun sens si tant est que ces pays ne sont pas alimentairement autosuffisants. D'une part, ces pays occupent la dernière place dans la division internationale du travail. Qu'il y a eu ou non colonisation directe, leur intégration brutale au marché international les a mis en concurrence des pays industriels qui furent en mesure, dès le XIX e siècle, de mécaniser rapidement leur agriculture. Ces pays héritaient à l'époque, pour la plupart, d'une agriculture dont les outils étaient encore manuels, avec parfois l'emploi d'animaux de trait pour les travaux du sol et les transports. L'écart de productivité ne cessa de s'accroître au XXe siècle par suite de la motorisation agricole et de la généralisation des tracteurs dans les pays industriels. La même quantité de riz ou de calories alimentaires exige aujourd'hui cent fois plus d'heures de travail pour être produite au Niari (Congo) qu'en Floride (Etats-Unis). On comprend donc aisément que les économies des pays membres de l'OHADA ce soient rapidement spécialisés dans l'exportation des produits tropicaux pour lesquels la concurrence des pays industriels était, faible ou nulle : café, cacao, arachide, bananes, caoutchouc, etc. Cette spécialisation les a conduit souvent à devoir importer des quantités croissantes de denrées alimentaires en substitution à des produites autrefois sur place. Certains pays doivent même avoir recours à l'aide alimentaire des nations les plus riches avec le risque évident de voir celles-ci concurrencer encore davantage ce qui leur reste d'agriculture vivrière. Cette dépendance alimentaire n'est pas sans poser de graves problèmes aux nations qui manifestent leur volonté de mettre en œuvre un développement autocentré moins intégré aux échanges internationaux. L'histoire a montré que les Etats-Unis n'hésitaient pas à brandir la menace de l' « arme alimentaire » et même à décréter parfois des embargos sur les livraisons de céréales à destination de ces pays.

Carte n°30. Le problème de l'accès aux marchés (a)

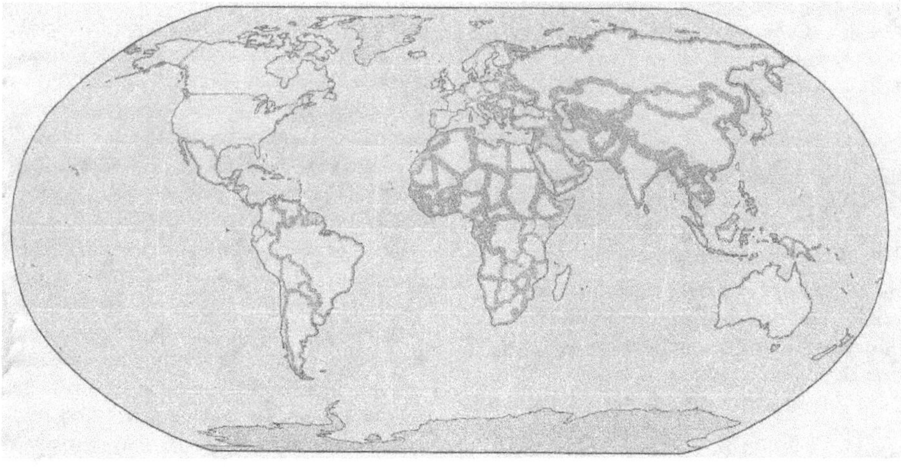

Carte n°30. Source : Equipe du rapport sur le développement dans le monde 2009. Ici, l'accès au marché distingue les régions du monde. Ici, les frontières sont plus épaisses dans les régions et les pays sous-développés.

Section 2. Les prix de soutien

Les pouvoirs publics sont amenés, dans certains pays, à vouloir fixer ou soutenir directement les prix des différents produits agricoles, de façon à favoriser certaines activités et s'assurer qu'un minimum d'exploitants continue de produire pour les besoins de la société. La fixation ou le soutien des prix fait souvent l'objet de négociations difficiles entre les impératifs des classes dominantes et la capacité de défense des différentes catégories d'agriculteurs. Afin de garantir à tout instant l'équilibre de l'offre et de la demande aux prix convenus à l'avance, l'Etat doit intervenir plus ou moins directement sur l'organisation des marchés, par les biais de mesures diverses : politique de stockage conjoncturel, contingentement des productions, prohibition ou subvention à l'exportation, etc.

Photographie n°8. Le marché populaire

Le marché du Fond Tié-Tié à Pointe-Noire. Un espace de communication, d'échange et de trafic (HDA Photo du 2 avril 2018)

Au Congo, le gouvernement s'est toujours montré partisan d'une intervention négociée sur, le marché des produits agricoles afin de soutenir les cours et permettre la survie d'un grand nombre d'exploitations familiales. En 1970 furent créés l'Office National du commerce(OFNACOM), l'office congolais du café et du cacao (OCC) dont la mission était de fixer les prix ainsi que les conditions du commerce et du stockage qui furent confiés aux exploitants sous le contrôle des pouvoirs publics. L'OFNACOM panifiables et disposa aussi du monopole de l'importation et de l'exportation de certains produits panifiables et de leurs sous-produits. Sa compétence fut élargie ultérieurement à l'ensemble des prix et des produits agricoles en vint à absorber la plus grande partie du budget des institutions pays : 65,3% en 1976. Des mesures durent être prises pour inciter les paysans les moins performants, chez qui les coûts de production étaient les plus élevés à se détourner des productions excédentaires. Des primes furent proposées aux paysans pour les encourager, ainsi que des taxes de coresponsabilité furent instituées sur les livraison de café et de cacao pour faire participer les exploitants agricoles au coût de stockage et d'exportation des excédents. L'OCC dut enfin se résoudre à établir des seuils de production au-delà desquels les prix ne peuvent plus être totalement garantis aux paysans. C'est ainsi qu'un système de quotas fut mis au point en 1977, limitant pour chaque paysan les quantités de produits pouvant bénéficier des mécanismes de soutien des prix. Les nouvelles orientations de la politique agricole commune tendent globalement à ne plus garantir aux paysans les mêmes avantages de prix qu'antérieurement. Elles se dessinent à un moment où la crise économique et les restructurations sont à l'origine d'un fort taux de chômage urbain. Il n'est donc pas sûr qu'elles entraînent automatiquement une forte accélération de l'exode rural.

Carte n°31. Le problème de l'accès aux marchés (b)

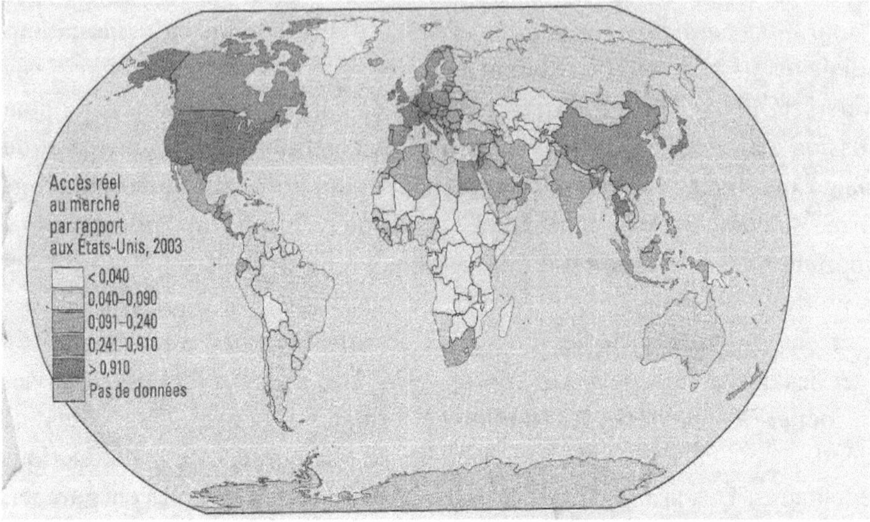

La taille et l'accès aux marchés varient grandement selon les régions (Source : Equipe du rapport sur le développement dans le monde 2009)

Au Cameroun et en Côte-d'Ivoire, les interventions de l'exécutif sur les marchés agricoles sont de la compétence d'un établissement spécialisé dont les tâches sont assez comparables à celles de la « Section Garantie » de l'Office Congolais du café et du cacao. Mais les modalités ont fortement varié selon la conjoncture. Grâce à l'importance des superficies cultivables et à la grande taille des exploitations, l'agriculture camerounaise et ivoirienne tend pleinement à bénéficier des avantages de l'embryon de mécanisation. La croissance de la production agricole fut dans ces deux pays beaucoup plus rapide que celle de la consommation antérieure. Les Etats ont dû intervenir très tôt pour limiter la chute des prix, par le biais d'une politique de stockage des productions excédentaires et de primes à la réduction des emblavures. Les responsables camerounais et ivoiriens décidèrent aussi de conquérir les marchés intérieurs de l'espace OHADA par le bais de fortes subventions aux exportations.

Mais dans les autres Etats de la région (Sénégal, Congo-Kinshasa et Niger), les prix agricoles font presque partout l'objet de l'intervention de l'Etat destinées à servir les objectifs économiques des classes dirigeantes. Au Bénin, au Mali, au Gabon et au Congo-Brazzaville, les pouvoirs publics s »efforcent généralement de réduire les fluctuations des prix des produits destinés à l'exportation. Des caisses de stabilisation sont alors mises en place pour limiter momentanément les variations des cours entre des « prix planchers » et des « prix plafonds », et favoriser ainsi les investissements dans le secteur agro-exportateur qui constitue le principal pourvoyeur de devises. Cette régulation des prix s'inscrit parfois dans le cadre d'accords internationaux auxquels souscrivent aussi les grands pays consommateurs. Des organismes e stockage se portent alors acheteurs ou vendeurs selon l'évolution des cours. Ainsi en est-il pour le café, le cacao et le caoutchouc. Ces interventions ne peuvent guère, cependant, remettre en cause les mécanismes du marché mondial et enrayer les évolutions différentielles des prix à plus long terme.

Carte n°32. Le problème de l'accès aux marchés (c)

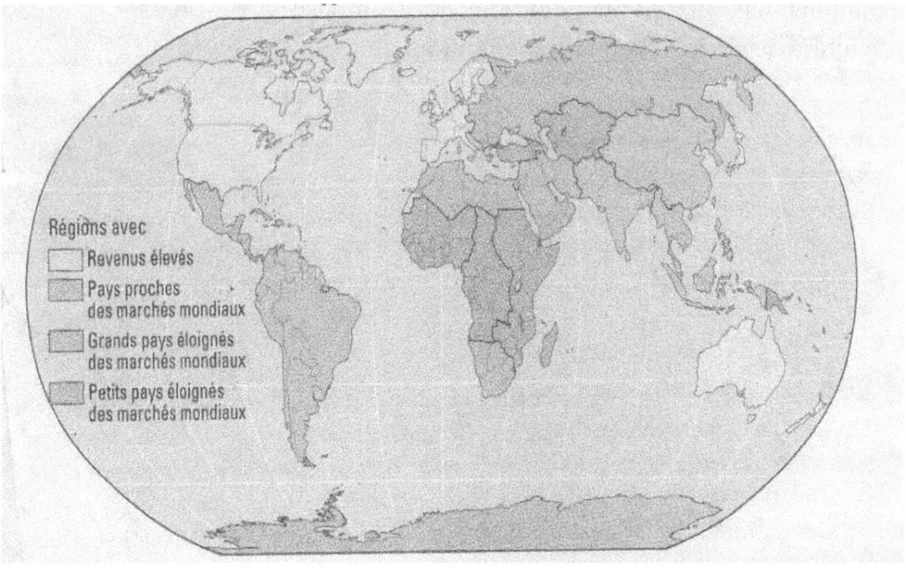

L'accès potentiel aux principaux marchés mondiaux différencie les régions du monde en développement (Source : Equipe du rapport sur le développement dans le monde 2009)

En ce qui concerne les productions vivrières destinées au marché intérieur, les gouvernements des pays membres de l'OHADA craignent souvent les répercussions des prix alimentaires élevés sur les revendications salariales (Congo-Brazzaville, Guinée-Conakry, Tchad, Centrafrique). Ils tendent alors à s'opposer à toute hausse de prix, en ayant parfois recours à une politique de subvention des importations. Certains gouvernements (Centrafrique, Mali, Tchad) n'hésitent pas à utiliser l'aide alimentaire internationale pour faire pression à la baisse sur les prix des produits vivriers. Les Etats tentent aussi, très fréquemment, de réorganiser la collecte et la commercialisation des produits agricoles sur le marché intérieur (Congo-Kinshasa, Bénin, Sénégal, Togo). Mais, au Congo, la mise en place de monopole d'Etat ou de « Coopératives » fortement encadrées par les pouvoirs publics se traduit alors presque toujours par des lourdeurs bureaucratiques et l'accroissement très sensible des coûts de commercialisation aux dépens des producteurs. Les politiques des prix dans l'espace OHADA a donc encore souvent pour effet de décourager les investissements destinés aux productions vivrières et d'accroître sans cesse la dépendance alimentaire de ces pays. De nombreux petits paysans résistent néanmoins aux conditions qui leur sont imposées en poursuivant une agriculture destinée à l'autoconsommation.

Carte n°33.Le problème de l'accès aux marchés (d)

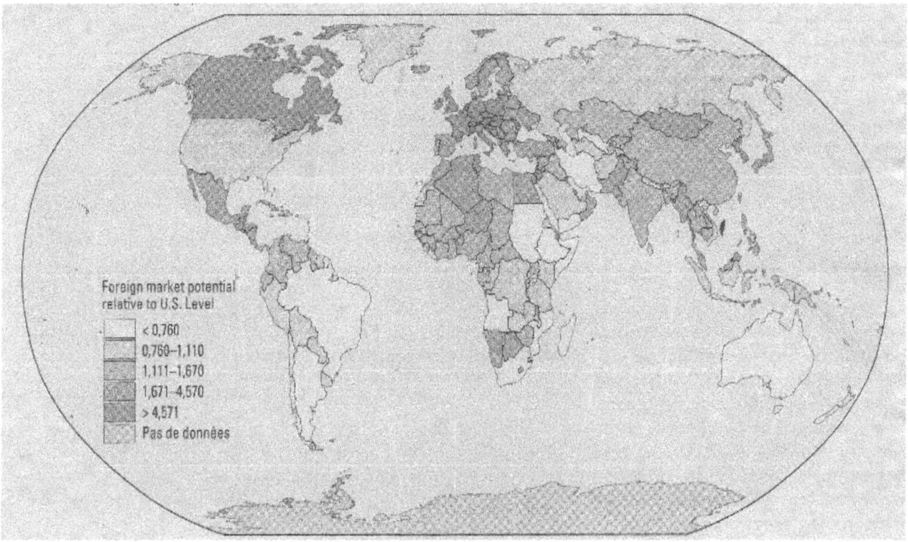

Les voisinages sont importants, mais les politiques d'échanges et de transports les sont aussi. (Source : Mayer, 2008. Pour ce rapport. Note : Pour calculer le potentiel de marché étranger, on attribue à chaque pays un score en fonction de la taille des marchés avec lesquels il peut effectuer des échanges. Ce score est calculé en pondérant le PIB des autres pays par l'inverse d'une mesure combinant la distance physique, les coûts de transport et les barrières au commerce afin d'indiquer la difficulté d'accès à ces marchés. La mesure, qui est exprimée par rapport au potentiel du marché étranger des Etats-Unis, combine essentiellement les deux dimensions spatiales que sont la distance et la division en une composante de l'accès potentiel au marché qui n'inclut pas l'effet de marché intérieur (densité).

CHAPITRE 2. L'AIDE AUX INVESTISSEMENTS AGRICOLES

Aussi longtemps que les exploitants agricoles produisent surtout pour leur autoconsommation avec des moyens de production artisanaux et peu coûteux, le recours au crédit demeure exceptionnel. L'agriculteur s'efforce alors d'assurer le renouvellement et l'accroissement de son matériel en mobilisant le produit de sa propre épargne. Mais au fur et à mesure de la chimisation, de la mécanisation et de la motorisation de l'agriculture, les exploitants soucieux de moderniser sans cesse leurs systèmes de production sont contraints d'investir chaque jour des sommes plus importantes. L'autofinancement peut alors s'avérer insuffisant pour acquérir les nouveaux moyens de production et rester compétitif. Il devient alors nécessaire de solliciter des prêts et des subventions auprès des établissements spécialisés. L'agriculteur devient de plus en plus dépendant des sources de financements extérieurs, et l'Etat peut intervenir à ce niveau pour tenter de peser sur les choix des exploitants en matière d'investissement.

Section 1. Les subventions

La modernisation de l'agriculture passe très, souvent par la réalisation d'aménagements d'intérêt collectif (routes d'accès, défrichements, hydraulique agricole, électrification, remembrement, protection des sols) pour lesquels la participation financière de l'Etat est presque toujours indispensable. Cette intervention des pouvoirs publics représente généralement la principale forme d'aide octroyée aux agriculteurs pour accroître leur productivité.

L'Etat peut aussi parfois juger nécessaire de subventionner certains investissements au sein même des exploitations agricoles. ? C'est ainsi que l'achat de nombreux intrants d'origine industrielle (engrais chimiques, pesticides, petits matériels, etc.) a longtemps été subventionné dans les pays membres de l'OHADA pour encourager l'utilisation et favoriser ainsi la « révolution verte ». Mais les restrictions budgétaires ont limité les disponibilités financières pour de tels programmes dans la plupart des cas, et plus particulièrement à la Centrafrique, au Mali, au Burkina-Faso à partir des années 2000.

Au Cameroun, les jeunes agriculteurs qui s'établissent sur de nouvelles exploitations, généralement des Bamiléké, peuvent prétendre à une subvention en capital destinée à faciliter leur trésorerie pendant les deux années qui souvent leur installation. Mais cette dotation aux jeunes agriculteurs n'est attribuée qu'aux exploitants qui justifient d'un minimum de formation professionnelle et s'engagent à tenir une comptabilité de leurs recettes et de leurs dépenses. La superficie des exploitations ne doit pas être inférieure à une certaine « Superficie minimum d'installation » définie au niveau départemental par une commission mixte Etat-Organisations professionnelles agricoles.

Soucieux de ne pas entretenir les unités de production pour lesquelles les conditions de rentabilité des capitaux ne sont pas réunies, l'Etat préfère souvent attribuer les aides aux investissements de façon très sélective. Mais en période de crise économique et d'aggravation du chômage, il peut avoir intérêt à ralentir le mouvement d'exode rural et maintenir un certain nombre d'exploitations en activité. L'abandon de l'agriculture dans les régions les plus défavorisées peut avoir de conséquences particulièrement néfaste sur l'entretien et la protection du milieu : avalanches, érosion, incendies de forêts, inondations. Il est alors souhaitable (socialement entable) d'y maintenir un minimum d'activité agricole. C'est pourquoi, en Côte-d'Ivoire et au Cameroun, des primes spéciales étaient accordées systématiquement aux agriculteurs situés dans les zones difficiles : montagnes, marais…Ces aides publiques accordées à des paysans souvent peu productifs sont plus utiles, du point de vue de la société, que les indemnités qui leur seraient versées sils étaient réduits en chômage.

Section 2. Les prêts à taux bonifiés

Dans certains cas, l'aide financière accordée aux agriculteurs prend surtout la forme d'une bonification des taux d'intérêt pour les crédits d'équipement. L'Etat prend alors en charge une part des intérêts à verser au système bancaire pendant toute la durée du prêt. La bonification d'intérêt se présente comme une subvention qui, au lieu d'être payée en une seule fois dans sa totalité, l'est au fil des années par petites quantités successives. La bonification d'intérêt présenterait l'avantage, selon certains, d'obliger l'emprunteur à mieux tenir compte du coût des emprunts durant toute la période pendant laquelle il doit régler les échéances.

L'intervention de l'Etat en matière de bonification d'intérêt est assortie presque toujours de règles destinée à contraindre les agriculteurs à faire des investissements conformes à sa politique économique. Les prêts à taux bonifiés sont un moyen pour l'Etat d'orienter les investissements et la production agricole. Ils sont concentrés le plus souvent sur un nombre limité d'exploitations. La sélection pour l'attribution des prêts répond généralement à des conditions très restrictives de superficie, âge des exploitants, solvabilité, formation professionnelle, et choix des systèmes de production. Ces prêts sont destinés à encourager les investissements directement productifs selon des modalités définies très précisément après de longues études technico-économiques, ces crédits entraînent souvent l'agriculteur à investir plus qu'il ne le souhaiterait. L'ampleur des investissements oblige souvent l'agriculteur à se spécialiser dans un nombre limité des spéculations pour rentabiliser au mieux le capital immobilisé. Cette spécialisation des systèmes de production tend alors à accroître la dépendance de l'exploitant à l'égard des quelques entreprises situées à l'amont ou à l'aval. Elle le rend donc plus vulnérable aux aléas du marché et aux stratégies des grandes firmes agro-industrielles.

Dans l'espace OHADA, les paysans pauvres sont conduits à faire des emprunts, tant pour leur consommation personnelle que pour les investissements sur leurs exploitations. L'Etat est souvent enclin à prendre lui-même en, charge le crédit agricole pour contrecarrer les pratiques usuraires de certains commerçants qui n'hésitent pas à accaparer les terres de ceux qui ne parviennent pas à, rembourser directement en obligeant les paysans à lui livrer leurs produits au moment des récoltes. Mais les difficultés de gestion et les lourdeurs bureaucratiques aboutissent presque toujours à d'importants retards dans la livraison des intrants (semences, engrais, pesticides…) et dans le paiement des produits apportés. C'est pourquoi les petits paysans préfèrent malgré tout s'adresser aux usuriers, qui prêtent à des taux beaucoup plus élevés, mais offrent davantage de souplesse dans l'attribution des prêts et les modalités de remboursement.

CHAPITRE 3. LES POLITIQUES FONCIERES

Les seules politiques de prix et d'aide aux investissements peuvent ne pas suffire pour régler le problème du nombre et de taille des exploitations agricoles en fonction des exigences de l'accumulation du capital dans les différents secteurs de l'économie. L'Etat doit souvent aussi intervenir pour réglementer les différentes conditions d'accès au foncier : achat, héritage, location, métayage...

Au Congo et au Cameroun, l'objectif est souvent d'accélérer la disparition de petites exploitations les moins performantes tout en évitant les trop fortes concentrations foncières, jugées indésirables. La préférence va souvent à la constitution d'exploitations agricoles familiales en faire-valoir direct dans lesquelles les époux et leurs enfants s'efforcent de maximiser par eux-mêmes les revenus de la famille, au prix d'un travail intense. Ce type d'exploitation est à même de permettre un abaissement relatif des prix des produits agricoles pour le plus grand bénéfice du capital industriel. Les exploitants familiaux n'hésitent pas en effet à allonger d'eux-mêmes la durée de leur travail pour produire chaque fois davantage et rester concurrentiel sur le marché. Mais il y a néanmoins toujours nécessité de s'agrandir. Le seuil de superficie en dessous duquel l'exploitation familiale n'est plus compétitive tend à s'accroître au fur et à mesure de la mécanisation et de la, motorisation de l'agriculture. L'emploi de moyens de production sans cesse plus perfectionnés et coûteux suppose en effet un minimum de superficie pour être rentable.

Dans différents pays de l'espace OHADA, les lois sur le fermage et le métayage n'ont cessé de limiter le pouvoir des propriétaires au profit des exploitations agricoles afin de garantir à ces derniers le bénéfice de leurs investissements : baux de longue durée (neuf ans minimum), droit de préemption accordé aux fermiers déjà en place, droit de reprise, limité aux seuls propriétaires qui décident d'exploiter eux-mêmes leurs terres, limitation des taux de fermage, etc. La faible rentabilité des capitaux immobilisés dans le foncier a incité les propriétaires à vendre leurs terres aux exploitants, pour qui le taux de profit n'est pas la préoccupation majeure. Le faire-valoir direct s'est ainsi généralisé dans un grand nombre de régions. La propriété de la terre a pu servir alors de garantie pour les emprunts destinés à la modernisation des exploitations : achat de machines, tracteurs, bâtiments...La charge foncière n'en est pas moins restée lourde. Lors des partages successoraux, ceux qui veulent rester agriculteurs sont fréquemment contraints d'acheter les parts des autres cohéritiers afin de ne pas trop morceler les exploitations et garder en mains des unités de production de taille suffisante.

Mais, dans un contexte de forte crise économique, l'Etat n'était pas prêt non plus à immobiliser d'importants fonds publics pour délivrer les paysans de l'achat des terres. Les tentatives de faire supporter la charge foncière par des particuliers non agriculteurs sont toutes restées marginales. Les encouragements à des formules de propriétés sociétaires, avec la création des « sociétés anonymes d'investissements fonciers » ou des « groupements fonciers agricoles » qui peuvent acheter des terres pour les louer à des agriculteurs n'ont connu qu'un très faible succès. Qui peut avoir intérêt, en effet, à investir dans le foncier agricole si la législation sur les fermages limite de fait la rentabilité des capitaux à seulement 3 ou 4%. Ce sont des agriculteurs qui sont contraints aujourd'hui, la plus souvent d'acheter les terres agricoles pour survivre en tant qu'exploitants ; le poids du foncier et l'endettement qui en résulte limitent parfois considérablement les possibilités d'investir dans la modernisation des exploitations. Les prix de la terre n'ont cessé de s'élever à un rythme supérieur à celui de l'inflation. En conséquence, l'accroissement du nombre de chômeurs urbains devrait inciter les gouvernements de pays membres de l'OHADA à repenser de b nouvelles politiques foncières plus justes et une distribution plus équitables.

CINQUIEME PARTIE. LES PERSPECTIVES POUR LA CROISSANCE DE LA PRODUCTIVITE AGRICOLE

CHAPITRE 1. LA NECESSITE DES CHOIX

Le principal message qui se dégage des chapitres qui suivent est que, pour les personnes chargées de planifier la vulgarisation, l'heure des choix difficiles a sonné. Cette nécessité s'imposerait même si l'espace OHADA ne connaissait pas de crises économiques et politiques grave. Ainsi, tout au long de cette période où la vulgarisation agricole fut perçue d'une manière simpliste comme une « bonne chose » à dispenser partout sans se soucier du contexte, nombre d'erreurs coûteuses ont été éloignées, dépourvues de cultures commerciales et où les paysans en savaient beaucoup plus que les gouvernements sur la manière de produire ce qu'ils y cultivaient déjà.

A la fin de leurs études, des élèves étaient embarqués dans un nouveau cycle de formation spécialisée qu'ils étaient incapables de mettre en pratique avant d'entrer en possession de leurs propres terres, bien des années plus tard. Des vulgarisateurs ont été mis en poste dans des communautés pour lesquelles les recommandations techniques existantes ne présentaient guère d'intérêt - c'est une équipe hollandaise, voici quelques années, qui a fait cette constatation pour le secteur de vulgarisation jusqu'à ce qu'il ait vraiment quelque chose à vulgariser (Luning et Venema, 1969). Dans le choix des actions de vulgarisation, la première étape devrait toujours être d'évaluer le degré d'évolution des systèmes agricoles locaux afin que l'on puisse se concentrer en priorité sur les compétences, l'information et les services qui y auront le plus grand impact.

Toutefois les choix évoqués dans ce chapitre sont plus fondamentaux et portent sur des options institutionnelles tout entières. Si d'autres domaines tels que l'élevage ou la pêche, jusqu'alors négligés, éprouvent le besoin d'une assistance, la vulgarisation en arrive rapidement à englober une large gamme d'activités. Dans ce cas, l'approche conventionnelle adoptée par la plupart des services spécialisées afin de pourvoir à chaque forme de vulgarisation que requiert l'évolution de l'économie agricole.

Généralement, cela signifie engager des spécialistes, que l'on entoure de personnel subalterne (chauffeur, employés de bureau, etc.) et puis créer des antennes de terrain, là où un type donné de production sera encouragé. Les structures qui en résultent offrent la réplique parfaite d'un ministère de l'agriculture typique que d'ailleurs souvent d'autorité tutélaire) ; ce sont des organisations très techniciens spécialisés (fournis au départ par les commanditaires extérieurs) et un grand nombre d'administrateurs, avec leurs assistants. Seules les contraintes financières semblent pouvoir mettre un frein à l'expansion des services.

Nous avons commencé ce chapitre avec la constatation que ce genre de bureaucratisation de tous les services ruraux n'est tout simplement pas durable dans une économie faible, où les paysans ne peuvent en supporter la charge. La production agricole du paysan africain a grand besoin d'une aide extérieure, mais n'a pas les moyens de financer les activités requises. Il faudra bien un jour que les planificateurs se décident à mettre en balance l'intérêt de traiter que suppose un système de prestation de services bureaucratisé. Dans quelle mesure, dans une région donnée ou pour un type de culture particulier, l'assistance justifie-t-elle l'engagement d'experts salariés ? C'est cette question, jusqu'ici sans réponse, qui reviendra encore et encore tout au long de développements.

Si l'on souhaite continuer à soutenir la vulgarisation agricole, il faudra désormais prêter plus d'attention à six questions d'ordre politique :

- Quelles sont les fonctions et les tâches qui devraient recevoir une assistance organisée ?
- Comment modifier les systèmes existants pour accroître leur impact ?
- Des approches différentes et moins coûteuses devraient-elles être adoptées ?
- Quelles sont les mesures susceptibles de favoriser la récupération des frais ?
- Quels liens doivent entretenir les différentes organisations entre elles ?
- Comment encourager la participation des paysans ?

Fondamentalement, ces question constituent les thèmes autour desquels cet ouvrage s'articule (bien que dans un ordre différent).

Son objectif est de fournir une base d'analyse plus solide pour choisir de vulgarisation agricole doit être prodigué. Cette étude devrait présenter quelque intérêt pour la plupart des ministères de l'Agriculture des pays de la région, mais elle est particulièrement destinée aux pays membres de l'OHADA non seulement parce qu'ils sont les plus pauvres, mais parce que c'est dans cette région où les faibles résultats des services de vulgarisation sont devenus la principale préoccupation des gouvernements.

Tableau n°45. Prix réels des produits agricoles par pays (en Milliards de franc CFA)

Pays /Secteurs	Agrumes et légumes	Sucre	Coton	Cacao/Café
Bénin	2	1	2	1
Burkina Faso	3		4	2
Cameroun	5	4	6	3
Centrafrique				
Congo	1	2		2
Côte-d'Ivoire	7	6	2	14
Gabon	1	1		1
Guinée-Conakry				
Guinée Bissau	1		1	
Guinée Equatoriale	1		2	3
Mali	2	1	2	4
Niger	2		1	2
Tchad	1	1	1	1
Togo				
Sénégal	4	3	4	4
RDC	8	6	5	5

Sources : PNUD 2009

Section 1. Les choix organisationnels

Nous envisagerons dans cette section les sept principaux types de structures possibles pour apporter aux paysans des conseils et des services en matière d'agriculture. Il n'est pas rare de voir coexister, dans un même pays, plusieurs orientations. Si l'on peut distinguer, aux deux extrémités, d'un côté les services publics et de l'autre les services privés, une grande part de la vulgarisation passe par l'intermédiaire d'institutions mixtes (organismes parapublics, associations et projets). Ainsi, les producteurs de coton pourront recevoir un soutien d'une institution semi-publique, tandis que le projet de développement rural intégré (PDRI) pour une province, même si les services de vulgarisation du ministère encouragent dans toutes les régions un accroissement de la production alimentaire. Sans doute, tous ces types d'institutions se basent-ils sur des techniques de vulgarisation comparables (visites d'exploitations, parcelles de démonstration, formation en cycle court, réunions et programmes de vulgarisation) mais ils se distinguent grandement par la manière dont ils disposent les programmes d'appui et de conseil.

Carte n°34 : Les pays membres de l'OHADA

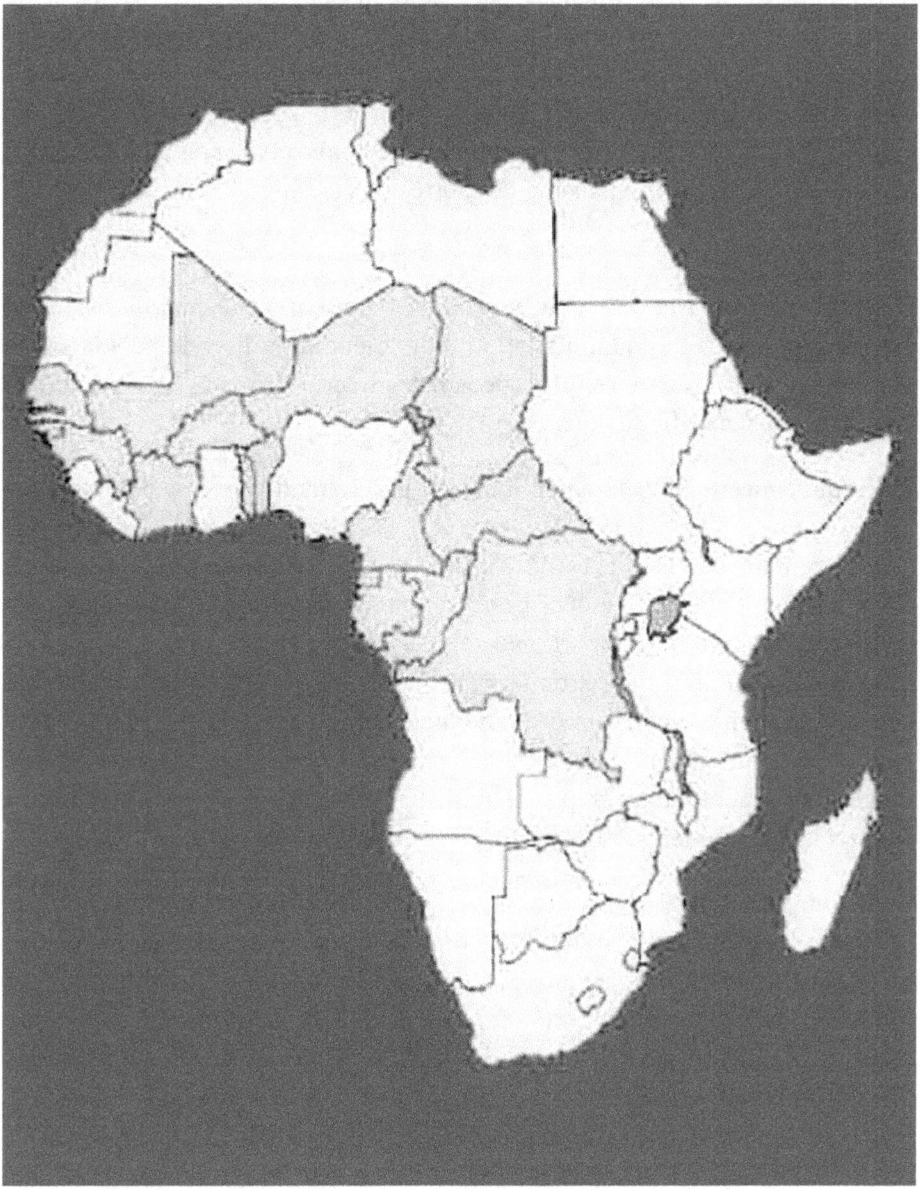

S*ource : Ncheden Christian, Plet/Accounting, M.Sc. Finance*

Paragraphe 1. Services de vulgarisation dépendant d'un ministère

C'est peut-être le type le plus répandu, probablement pour une simple question de commodité administrative. Dans la foulée de l'indépendance, la plupart des gouvernements des pays membres de l'OHADA ont rapidement développé les services financés par les fonds publics. Dans les pays où demeurait une importante minorité agricole de colons, ces services de vulgarisation étaient dès le départ orientés vers le secteur des grosses exploitations. Un service polyvalent, financé par le ministère convient également aux grandes cultures (comme le maïs et les légumineuses) et accompagne souvent l'expansion des autres services publics.

Dans ces pays qui ont opté pour un service extérieur attaché au ministère de l'Agriculture, de telles administrations emploient un millier de personnes ou plus dont 20%, peut-être, de spécialistes recrutés pour leur formation technique ou scientifique poussée.

En ce qui concerne le personnel, il ne sert pas à grand-chose de comparer les chiffres disponibles dans les sources publiées, car les critères de dénombrement des membres du service de vulgarisation varient beaucoup d'un pays à l'autre. Lorsque l'on compte l'ensemble des employés du ministère qui ont un rapport avec l'agriculture, comme c'est le cas du Cameroun, la Côte d'Ivoire, de la RDC et du Sénégal, le nombre total peut dépasser cinq mille, ce qui représente une charge considérable pour un pays pauvre. Il faut absolument que les pays d'Afrique où les services de vulgarisation sont financés par le ministère surveillent de près l'efficacité des tels investissements.

Quelle que soit leur taille, les services de vulgarisation dépendant d'un ministère ont certains traits en commun. Ils sont généralement très hiérarchisés, avec des employés qui se considèrent plus comme des fonctionnaires que comme des conseillers agricoles. Souvent (mais pas toujours), la hiérarchie suit les subdivisions territoriales de (arrondissement, division, district, province), on retrouvera un délégué du département de l'Agriculture. Le domaine d'activités est défini les qualifications techniques et professionnelles. Outre la diffusion de l'information agricole, le personnel est souvent chargé de tâches administratives et régulatrices (établir des statistiques, superviser des crédits, inspecter les cultures, etc.)

Une administration de ce type doit souvent traiter de nombreuses questions accessoires qui, d'un point de vue purement théoriques, n'ont pas grand-chose à voir avec le rôle éducatif généralement assigné à la vulgarisation. Cela suscite beaucoup de frictions internes. Le personnel de terrain risque d'être démoralisé par des salaires et des ressources bien moindres que ceux octroyés, aux membres de services centraux. Il arrive que les vulgarisateurs n'aient pas de droit de traiter et de transmettre les résultats de recherches tant que ceux-ci ne sont pas passés par le crible d'un encombrant système d'évaluation formelle. Au niveau intermédiaire, les contrôles ont tendance à être faible, puisque le personnel définit son rôle en termes de routine administrative plutôt que d'accomplissement d'une tâche. Souvent, de nombreux domaines techniques extérieurs à la responsabilité principale du département sont négligés.

Paragraphe 2. Les questions qui se posent dans l'organisation d'un service de vulgarisation

- Où situer les spécialistes ?
- Création d'une capacité de stockage des informations.
- Comment intégrer pour l'élevage la planification, la vulgarisation et les services ?
- Que faire des divers services spécialisés, par exemple la cartographie des sols, l'expérimentation des machines, la cartographie et l'utilisation des terres, l'entomologie, la bibliothèque et la documentation ?
- Prévoir une information commerciale, et des services de marketing.
- Relations entre fournitures d'intrants et crédits
- Comment dispenser et encourager la formation des paysans ?
- Faut-il mettre en place des centres de formation de haut niveau et, dans ce cas, comment satisfaire aux exigences de programmes, d'inspection, de matériaux pédagogiques et d'examen ?
- Comment procéder au recrutement, à l'évaluation et à la promotion du personnel ?
- Comment cibler les paquets techniques ?

- Comment organiser des services de recherche ou assurer la liaison avec eux ?
- Les agents de terrain doivent-ils procéder à des recherches adaptatives ?
- Comment rassembler des informations pour l'organisation du secteur agricole ?
- Coordination de l'assistance technique et des projets extérieurs.
- Degré de participation au parrainage des organisations paysannes.
- Les femmes et les jeunes constituent-ils des catégories qui nécessitent un soutient distinct ?
- Doter le personnel de terrain de moyens de transport et de communication.
- Gestion des bâtiments ministériels, des stations et des exploitations.
- Comment adapter le budget aux besoins technique ?

Tableau n° 46. Prix réels des produits agricoles par pays (en dizaine)

Pays /Secteurs	Bananes	Légumes	Fruits frais	Huiles alimentaires
Bénin	3	2	2	2
Burkina Faso	3	3	4	2
Cameroun	5	4	6	3
Centrafrique				
Congo	1	2	1	2
Côte-d'Ivoire	7	6	2	14
Gabon	1	1		1
Guinée-Conakry				
Guinée Bissau	1	2	1	1
Guinée Equatoriale	1	3	2	3
Mali	2	1	2	4
Niger	2		1	2
Tchad	1	1	1	1
Sénégal	4	3	4	4
RDC	10	8	4	11

Sources : PNUD 2009

A nouveau, certains points (la planification de l'exploitation, l'étude des sols, l'apiculture, l'irrigation sur une petite échelle, etc.), bien qu'ils soient considérés dans les qualifications requises lors des affectations de personnel, sont en réalité oubliés faute d'un budget ou d'une structure opérationnelle sur le terrain

Dans bien de ministères, les promotions dépendent encore essentiellement du rapport confidentiel d'un superviseur, et certains employés ne s'expliquent pas leur disgrâce alors même qu'ils ont l'impression de travailler dur. Naguère, on observait également une tendance à se focaliser sur certaines cultures : le coton, le tabac, le café ou le maïs, plutôt que sur les bananes et les légumineuses qui jouent un rôle si crucial dans le régime alimentaire d'une grande partie de la population.

De nos jours, le plus gros problème rencontré par les services ministériels est peut-être d'ordre financier : comment se procurer le matériel et les intrants nécessaires à un fonctionnement efficace ? Une portion croissante du budget total est absorbée par les salaires (plus de 80% dans l'espace OHADA). Ainsi, hormis dans les départements qui ont la chance de bénéficier d'un financement extérieur pour un projet, le personnel de terrain presque sans moyens pour ses activités une fois que les salaires ont été payés.

Tableau n° 47. Prix réels des produits agricoles par pays (en Milliards de franc CFA)

Pays /Secteurs	Volailles	Moutons	Bœufs	Porcs
Bénin	2	3	3	1
Burkina Faso	3	4	4	2
Cameroun	5	4	6	3
Centrafrique				
Congo	1	2		2
Côte-d'Ivoire	7	6	2	10
Gabon	1	1	2	1
Guinée Conakry				
Guinée Bissau	2	1	1	3
Guinée Equatoriale	2	3	2	4
Mali	3	3	3	4
Niger	2	3	2	4
Tchad	3	4	5	3
Togo				
Sénégal	4	3	4	4
RDC	9	7	8	8

Sources : PNUD 2007

Certains consultants soulignent qu'un grand nombre des tâches traditionnellement assignées aux employés ministériels ne devraient pas entrer dans leur mission de vulgarisation. Toutefois, pour le personnel de vulgarisation africain, les problèmes ne sauraient être résolus aussi facilement. Les fonctionnaires ne sont pas habilités à modifier la définition de leur propre rôle. La plupart des départements de l'agriculture continueront à exercer leur contrôle sur divers institutions subsidiaires comme les instituts de rechercher, les stations expérimentales, les centres de formation paysanne et les centres de services agricoles. Les agents du ministère devront à l'occasion organiser les approvisionnements en engrais et en semences pour les communautés qui n'ont pas de fournisseurs, consentir des crédits ou procéder à des études sur le terrain. Certains auront à enseigner dans des instituts de formation de base, et d'autre devront collaborer avec des services extérieurs, comme un organisme parapublic d'irrigation ou un ministère de développement de l'élevage, pour parvenir aux résultats souhaités.

Cet éventail de tâches n'est pas prévu dans la théorie de la vulgarisation telle qu'on l'enseigne aux agronomes, mais il n'est pas non plus vraiment du ressort de la théorie standard du management, orientée vers l'administration des bureaux. Le point important ici est que les difficultés prennent en grande partie leurs racines dans les structures.

Section 2. Les organismes parapublics pour les cultures d'exportation

Cet ouvrage porte principalement sur les services gouvernementaux de vulgarisation, mais on ne saurait ignorer que les problèmes bureaucratiques que nous venons d'évoquer ont amené bien des pays africains à considérer la création d'un organisme parapublic pour une culture d'exportation ou d'un office des matières premières comme une solution de remplacement possible. La différence essentielle est que l'organisation est créée comme une entité indépendante, censée rentrer dans ses frais, qui échappe aux réglementations du secteur public, avec l'espoir qu'elle prendra une orientation plus commerciale.

Une autre caractéristique fondamentale est le lien vertical qui unit chaque service concerné à une culture d'exportation particulière, c'est-à-dire la recherche technique adaptative, les crédits, la fourniture de matériel et d'intrants et la commercialisation, par un canal unique.

Ce système met l'accent sur les relations entre différents services techniques et facilite la récupération des sommes investies auprès des planteurs.

Souvent, les conseils commerciaux, qui avaient accumulé des fonds de stabilisation dans les années 50, ont ensuite été réorganisés en administrations chargées d'un type de culture et responsables de la fourniture de tous les services de production nécessaires aux planteurs. Ces organismes parapublics, qui proposent de meilleurs salaires et une définition plus précise des tâches, partent avec un avantage lorsqu'il s'agit de recruter et de s'attacher le personnel technique.

Leurs programmes de vulgaris0ation orientés vers la vente présentent certaines caractéristiques communes :

- Une zone d'opérations nettement circonscrite ;
- Un système de sélection et d'enregistrement des planteurs,
- Le maintien d'un rapport constant entre le nombre de planteurs et le personnel.
- des paquets techniques clairs mis au point par la recherche adaptative de l'organisme lui-même ;
- le financement des cultures, notamment la fourniture des intrants,
- un débouché unique de commercialisation contrôlé par l'organisme ;
- des objectifs bien définis en termes de superficie, avec un personnel et un budget adaptés à la production globale ;
- un personnel de terrain qui bénéficie de toutes les ressources nécessaires (transport, équipement, formation, etc.) ;
- une surveillance étroite des planteurs et du personnel de terrain ;
- Un cycle de planification pour chaque campagne annuelle.

Correctement mises en œuvre, ses garanties devraient avoir pour effet d'assurer des rendements relativement élevés et de réduire grandement les risques de production.

Section 3. Les faiblesses spécifiques des organismes parapublics

Généralement on peut citer :

- difficultés lorsque les cours internationaux chutent au-dessous des coûts de production locaux ;
- Problèmes lorsque ce service en arrive à remplacer la vulgarisation générale ;
- tendance à développer trop rapidement la capacité de traitement des récoltes, qui se traduit par un fort endettement et des prix à l'unité élevés ;
- pressions politiques pour accroître à l'excès la main d'œuvre on qualifiée ;
- accroissement rapide du nombre d'employés, sans augmentation concomitante de la productivité (professionnalisation prématurée) ;
- les possibilités d'emprunt extérieur ont rapidement alourdi la charge du remboursement des dettes ;
- les avantages accordés au personnel ne font l'objet d'aucun contrôle, de sorte que les frais généraux ont tôt fait de grimper ;
- fréquents problèmes de comptabilité, imputables notamment à la fraude et à l'absence de vérification des dépenses internes de l'organisme ;
- pour couvrir des coûts élevés à l'unité, on rogne sur les marges bénéficiaires des planteurs, sans fixer de limites appropriées aux dépenses de l'organisme ;
- interruption dans l'apport d'intrants et de services au moment où l'on en a besoin ;
- longs délais de paiement pour les récoltes reçues des planteurs. Aujourd'hui, nombre de ces institutions semi- publiques africaines sont insolvables. Elles ont fini par dépendre de subventions annuelles du gouvernement pour pouvoir continuer à fonctionner. Les pressions économiques et politiques à l'origine de cette situation sont si fortes qu'elles réduisent à néant la plupart des avantages que, sans cela, l'organisation verticale d'un système de services à la production pourrait présenter.

Tableau n°48. Prix réels des produits agricoles par pays (en Milliards de franc CFA)

Pays /Secteurs	Poissons	Charcuterie	Triperie	Lait
Bénin	4	5	3	6
Burkina Faso	1	3	4	5
Cameroun	5	6	6	4
Centrafrique				
Congo	1	2		2
Côte-d'Ivoire	7	9	8	12
Gabon	1	1		1
Guinée-Conakry				
Guinée Bissau	2	3	2	2
Guinée Equatoriale	3	4	3	3
Mali	1	4	4	5
Niger	3	3	5	4
Tchad	4	5	6	7
Togo				
Sénégal	4	4	5	5
RDC	8	6	7	6

Sources : PNUD 2007

Section 4. Les sociétés commerciales

Dans beaucoup de pays membres de l'OHDA, le secteur privé constitue une catégorie particulièrement hétérogène. Au sommet, on trouve presque toujours quelques multinationales bien établies. Puis viennent certains riches commerçants qui jouissent d'appuis politiques et au nombre desquels on rencontre parfois les femmes de ministres et de politiciens en vue. Ensuite, c'est un assortiment hétéroclite d'entrepreneurs et de sociétés de distribution, dont les propriétaires sont souvent des étrangers. En outre, il y a parfois un réseau de petites affaires familiales, spécialisées dans le commerce du bétail, les exportations et la vente au détail, qui se maintiennent au prix de quelques libertés avec les contrôles officiels. Au niveau local, les commerçants, dans cette région, se distinguent souvent des paysans environnants par leurs religion, leur groupe ethnique, voire leur nationalité.

Le type d'infrastructure commerciale nécessaire pour fournir des semences de qualité, stocker les engrais, assurer l'entretien et la réparation de l'équipement et acheter les récoltes est plus facile à développer dans des marchés ouverts dominés par les gros exploitants. Ce n'est pas un hasard si c'est dans les pays où existe une économie basée sur les anciennes grandes exploitations coloniales que le commerce des intrants est florissant : Côte d'Ivoire, Cameroun, Sénégal. Après l'indépendance, il fut assez facile d'ouvrir le marché aux petits exploitants, dont la pénétration rapide dans un système déjà établi de fournisseur commerciaux vint compenser la diminution du nombre des grosses exploitations. Cependant, le succès de ces services commerciaux est un cas assez particulier. Il s'agissait soit de cultures domaniales (thé, café ou sucre), soit d'une production mixte de céréales et de bétail sur les terres d'altitude, plus riches. Au départ, la croissance commerciale est apparue avant que n'aient été institués des contrôles des devises et des importations, et, après l'indépendance, les compagnies concernées furent considérées comme les garantes d'un patrimoine national estimable.

Partout ailleurs, le secteur commercial reste polarisé avec, au sommet, quelques grandes sociétés, qui se gardent de trop s'engager dans des entreprises à haut risque de fournitures agricoles, et, à la base, quantité de familles de petits commerçants dépourvus des compétences techniques requises pour le développement d'une agriculture moderne. Dans beaucoup de pays, l'instauration de contrôles stricts des importations engendre des problèmes pour les fournisseurs d'équipements et les petits ateliers de mécanique. Les commerçants doivent également faire face à des coûts élevés de transport et à d'énormes pertes de stocks, sans parler des fluctuations terribles et imprévisibles dans le volume des produits commercialisés.

Il faut obtenir des autorisations de circulation, payer des pots-de-vin et échapper aux bandes armées (Mali, Burkina-Faso, Congo-Kinshasa, Centrafrique, Cameroun). Ceux qui réussissent y parviennent en exploitant leur main d'œuvre, en réduisant au minimum le personnel spécialisé, en passant rapidement d'un produit à un autre, en fraudant et en monopolisant les disponibilités locales en matière de crédit et de transport. Nul doute que de tels agissements contribuent à l'efficacité économique en assurant le maintien des fournitures commerciales dans des conditions très risquées et particulièrement hostiles, mais ils ne se traduisent pas par une forme d'organisation susceptible d'obtenir une aide extérieure visant à promouvoir le développement rural.

Section 5. Les coopératives de commercialisation

L'acquisition privée des récoltes des paysans trouve bien sûr dans le secteur public son pendant sous la forme des coopératives qui, juste après l'indépendance, ont eu les faveurs de bien des gouvernements africains. Le regroupement de petits exploitants en coopératives avait pour objectif d'atteindre un chiffre d'affaires viable au point de vue commercial, qui puisse justifier des accords de traitement en commun des produits et de transport en vrac. Dans le même temps, le nombre plus élevé des paysans concernés permettait l'organisation des fournitures d'intrants financées par un prélèvement sur la vente des récoltes de chaque exploitant. Pour la commercialisation du café, du thé ou du tabac, l'existence d'un débouché unique ne laissait pas d'autre choix aux planteurs que de se joindre à une coopérative, coupant l'herbe sous le pied des commerçants locaux.

Les coopératives se caractérisent par l'existence de deux niveaux au moins : les sociétés primaires, qui regroupent plusieurs centaines de producteurs locaux dans une association chargée de rassembler et de vendre les récoltes des membres, et qui s'occupent parfois également des intrants, comme les engrais et les insecticides ; et les unions coopératives, qui fournissent aux sociétés primaires divers services comme le transport, les vérifications comptables, la formation et les financements.

Ces unions peuvent, à leur tour, rendre compte à une section Coopérative au sein du gouvernement ou dépendre d'une association du secteur tertiaire au niveau national. Il existe parfois une Banque coopérative nationale. Souvent, les unions s'occupent de services commerciaux annexes comme l'hôtellerie, l'acquisition et le stockage des intrants, la location de tracteurs et le traitement des récoltes (Cameroun, Côte d'Ivoire, Sénégal). Le principe de base des coopératives est que tous les membres y possèdent un pouvoir de décision égal et qu'ils se partagent les avantages au prorata du volume des affaires qu'ils traitent via la coopérative. Les frais sont couverts par des honoraires pour les services fournis et des prélèvements sur la vente des récoltes.

On ne compte plus les problèmes soulevés par les coopératives de producteurs africains. Nombre d'entre eux, cependant, font partie intrinsèque d'une situation dans laquelle on encourage des paysans pratiquant une agriculture de semi- subsistance, à rassembler leurs activités économiques dans un contexte caractérisé par un faible soutien institutionnel et un niveau de risques élevé. Citons au nombre des difficultés auxquelles il faut s'attendre :

- Une inaptitude générale des agriculteurs illettrés à gérer les affaires de leur société grâce aux mécanismes de l'assemblée annuelle des coopérateurs ;
- des systèmes de comptabilité mal conçus, qui permettent difficilement de mettre en regard les coûts et les revenus ou même de déterminer ce qui a été fait au nom des membres ;
- de longs délais dans la soumission et l'approbation des comptes, qui perdent ainsi de leur comme instrument de contrôle ou de gestion ;
- les tentations suscitées par les manipulations d'argent liquide, inévitables dans ces régions éloignées dépourvues de services bancaires ;
- l'utilisation abusive des moyens de transport et du matériel par les membres du comité ;
- l'impossibilité de faire participer aux frais les cultivateurs qui parviennent à éviter les mécanismes officiels de commercialisation ;

- l'installation dans des régions enclavées, où les pertes et les coûts de transport sont particulièrement élevés, pour de petites quantités de récoltes de valeur réduite ;
- Le manque de personnel qualifié au niveau local pour tenir la comptabilité ou gérer les entrepôts ;
- la concurrence des commerçants locaux dans les premières années, lorsque le volume d'affaires est encore très bas ;
- l'impact négatif des mesures contraignantes, visant à organiser les cultivateurs avant que ceux-ci n'y trouvent un intérêt ou une motivation ;
- les interventions politiques fréquentes, par exemple pour imposer certains candidats aux organisations locales ou pour exempter des sociétés insolvables du remboursement de leurs emprunts auprès de l'union coopérative ;
- au niveau de l'union, une bureaucratisation accrue qui augmente la charge des frais généraux des sociétés primaires ;
- une fuite ininterrompue des meilleurs éléments du personnel vers d'autres secteurs.

Vu le nombre de difficultés d'ordre structurel, les dirigeants nationaux seraient bien inspirés d'éviter d'ajouter d'autres charges.

Ainsi, les sociétés primaires ne devraient pas s'occuper des denrées hautement périssables, pas plus qu'elles ne devraient adjoindre à leurs activités agricoles la responsabilité des magasins de détail, ni être en butte aux interférences politiques dans le choix de leurs dirigeants.

Au niveau de l'union, les coopératives feraient bien de ne pas s'embarrasser de divers services annexes- bars, hôtels, compagnies de transport, etc. – qui, faute d'une gestion rigoureuse, peuvent facilement engendrer des pertes. En fait, il ne peut y avoir de succès sans une gestion saine. Dans les premières années de leur existence, les coopératives étaient parfois le seul débouché pour les jeunes entrepreneurs locaux quelque peu ambitieux. Aujourd'hui, ils sont en concurrence pour leur personnel avec des organismes parapublics et des multinationales.

Section 6. Les groupements paysans et les associations villageoises

Lorsque la vulgarisation procède par des visites individuelles dans les exploitations, certains agriculteurs modernes paraissent inévitablement privilégiés. En outre compte tenu du petit nombre de vulgarisateurs, le recours à des groupes de contact n'est vraiment pas à conseiller si l'objectif est d'atteindre tout le monde. C'est pourquoi, surtout dans les pays socialistes africains, on a développé des approches collectives fondées parfois sur des coopératives agricoles, mais également sur des masses (Congo-Brazzaville, Bénin, Centrafrique). De telles approches ont beaucoup de points communs avec les coopératives parrainées par le gouvernement, mais elles supposent généralement une collaboration avec tous les producteurs, plutôt qu'avec les seuls membres inscrits.

Si l'on en juge par les expériences congolaise et béninoise en matière de développement villageois, l'approche collective présente les caractéristiques suivantes :

- les vulgarisations sont fréquemment amenés à ne travaille qu'avec des groupes ;
- la première étape est souvent que le gouvernement impose aux paysans de vivre dans des villages agréés, pour réaliser des économies d'échelle et stimuler la mobilisation des paysans ;
- on demande généralement aux villageois de créer une exploitation commune en vue de faciliter la mécanisation des travaux agricoles ;
- la plupart des villages sont censés suivre une organisation spatiale standard qui n'autorise parfois que des parcelles de terrain de taille identique ;
- chaque village doit avoir sa propre organisation interne qui consiste généralement en un comité directeur et une assemblée ;
- l'objectif est que les villageois produisent leurs propres bénéfices et soient finalement en mesure de payer le salaire de leurs agents de vulgarisation ;
- la planification et la coordination du développement rural sont dirigées par l'administration centrale et les instances politique plutôt qua par le département de l'Agriculture.

Les dirigeants nationaux avaient placé dans ce système des espérances assez ambitieuses que vinrent contrecarrer les nombreuses difficultés pratiques rencontrées. Il apparaît rétrospectivement que la théorie de la mobilisation paysanne néglige certains obstacles sérieux que l'on rencontre dans l'environnement africain :

- la difficulté de réaliser dans la pratique les économies d'échelle censées faire la rentabilité de la nouvelle approche et son attrait au niveau local ;
- la perte de leur foyer suscita chez les paysans déplacés de l'hostilité et de la méfiance à l'encontre des intentions du gouvernement ;
- l'agriculture mécanisée s'est avérée difficile à mettre en œuvre de manière rentable : elle se traduisit par de nombreuses pannes et un usage inefficace du matériel d'importation ;
- les vulgarisateurs rechignaient à s'installer, comme ils en avaient l'instruction, dans les villages dont ils s'occupaient, tandis que les communautés éprouvaient des difficultés à payer les salaires de ces employés ;
- les entreprises d'exploitation commune et les magasins de villages n'avaient pas toute la rigueur financière requise pour leur bon fonctionnement. Les pertes encourues jetèrent le discrédit sur le programme tout entier ;
- difficulté de parvenir à une répartition équitable du travail et des bénéfices. Les paysans africains ont l'habitude d'avoir la pleine propriété des biens de production autres que la terre ;
- des périodes de sécheresses et de guerre (Togo, Mali, Burkina-Faso) n'ont pas permis une transition bien planifiée et sans heurts ;
- en général, les niveaux élevés de risques dans l'agriculture africaine sont un handicap supplémentaire pour la réalisation de profits par les fermes collectives et autres entreprises villageoises.

Ce sont là des conclusions toutes provisoires. Hormis d'expérience ivoirienne bien documentée, on ne sait pas encore grand-chose de la manière dont les réformes de la vulgarisation se sont passées en Côte d'Ivoire et au Cameroun. Toute réorganisation fondamentale de la structure de la vie rurale est condamnée à ne porter de fruits qu'au long terme. Toutefois, rien ne nous autorisé, dans les témoignages recueillis, à penser que la villagisation en elle-même suffira à augmenter considérablement la production. Aussi est-il crucial de se pencher avec la plus grande attention sur l'adéquation existant entre services techniques et programmes de vulgarisation.

- l'ampleur des ressources déployées pour le projet rend fort improbable sa réintégration dans le cadre du service général de vulgarisation ;
- Une tendance à consommer une grande part du budget dans les études de base et l'établissement d'un soutien logistique temporaire ;
- Les premiers bénéficiaires du projet sont souvent les membres du personnel tant locaux qu'étrangers ;
- Le rôle de l'homologue est par définition frustrant, avec les frictions que cela suppose ;
- le personnel subit des pressions exigeant des résultats immédiats, ce qui a tendance à fausser les rapports d'activité ;
- il est rare que l'on puisse procéder localement à l'entretien ou au remplacement de l'équipement introduit ;
- Les innovations contenues dans un projet étranger sont perçues par le gouvernement qui l'accueille comme relevant d'une responsabilité extérieure : elles sont vite abandonnées lorsque cesse le financement étranger ;
- après la dissolution de l'équipe, le matériel et les ressources sont souvent distribués dans des zones moins favorisées.

Les améliorations que l'on observe sont généralement de courte durée. Elles dépendent largement de l'enthousiasme de quelques personnalités clés, ainsi que de ressources et de fonds extérieurs. Toutes ces tendances réunies expliquent pourquoi les projets pilotes parrainés se traduisent rarement, dans les faits, par un impact durable sur le système local.

Tableau n°49. Importations de technologies % du total des exportations et crédit du secteur bancaire manufacturières en 2006 (en Milliards de franc CFA)

Pays	Importation de haute technologie	Crédit fourni par le secteur bancaire
Bénin	0	9
Burkina Faso	10	12
Cameroun	3	-10
Congo		21
Côte-d'Ivoire	42	
Gabon		
Guinée-Conakry		
Guinée Bissau		
Guinée Equatoriale		
Mali	4	15
Niger	11	4
Tchad		0
Togo		22
Sénégal	6	25
Sao-tomé et principes		
RCA	0	18
RDC		5

Sources : PNUD 2007

Section 7. Les institutions de formation

Les pays membres de l'OHADA sont désormais pourvus d'un réseau assez complet d'institutions de formation. Outre celles qui relèvent du ministère de l'éducation nationale (comme l'enseignement supérieur et peut-être la pratique de l'agriculture à l'école), la plupart des ministères de l'Agriculture disposent en propre de plusieurs institutions délivrant :

- des certificats et des diplômes d'enseignement professionnel technique qui couronnent généralement une formation à temps plein (Côte d'Ivoire, Cameroun) ;
- sur les lieux mêmes du travail, certaines possibilités de promotion sociale, comme par exemple un centre de formation continue (Côte d'Ivoire, Cameroun) ;
- un service d'information agricole équipé de sa propre bibliothèque et de matériel audiovisuel (Congo-Kinshasa, Cameroun, Sénégal);
- divers instituts qui interviennent au niveau des exploitations (qui fonctionnent soit comme des centres de formation agricole, soit dans le cadre du développement de la communauté) ;
- des systèmes d'échange avec les formations universitaires, pédagogique et coopératives et divers instituts de recherche agronomique.

De toute évidence, ce sont là des activités qui empiètent sur celles du service général de vulgarisation, qu'elles fournissent en personnel et en possibilité de perfectionnement.

Pour expliquer la diversité et le nombre de ces institutions, on pourrait évoquer plusieurs raisons qui n'ont pas vraiment de relation avec leur impact réel. Pour les fonctionnaires, la formation est organisation. Chaque ministère a en outre tendance à considérer qu'il doit avoir son propre centre de formation et autres institutions annexes. Le manque de personnel dans la décennie qui suivit immédiatement l'indépendance pouvait facilement être invoquée pour réclamer de nouvelles installations, lesquelles exerçaient un attrait certain sur les bailleurs de fonds en quête de projets spectaculaires.

En théorie, bien des choses plaident en faveur de la formation agronomique. A mesure qu'un système agricole évolue, il exige de plus en plus de compétence sophistiquée, trop complexes pour être convenablement transmises au cours d'une brève réunion de vulgarisation. Les séances de formation pour le personnel permettent de consolider de moral du groupe et de maintenir les individus au fait des développements techniques dans leur domaine. Elles viennent opportunément rompre la routine habituelle. Et, bien évidemment, les modules et les démonstrations pédagogiques mis au point pour l'enseignement classique peuvent également rendre bien des services en dehors des salles de classe.

Dans la réalité, toutefois, les investissements en matière de formation dépassent souvent les capacités locales. Une formation efficace, en agriculture particulièrement, exige un important environnement organisationnel : enseignants, sélection des stagiaires, modules pédagogiques, sites de démonstration, suivi, etc. Dans la pratique, la formation agricole laisse souvent à désirer sur bien des points :

- les cas de double emploi sont courants dans ces institutions, car chaque ministère s'efforce d'imposer ses propres programmes sous-financés ;
- on observe une prédominance des méthodes pédagogiques classique, même pour les sujets et compétences qui appellent un fondement pratique ;
- le contenu des cours et des travaux pratiques n'a souvent que peu de rapport avec les véritables besoins des étudiants ;
- la plupart des matières sont morcelées pour être étudiées par discipline, et ce, bien que les principaux problèmes présentent souvent un caractère interdisciplinaire ;
- les enseignants se sentent fréquemment désavantagés, confinés dans des tâches peu en vue, où les possibilités de promotion sont réduites même s'ils font du bon travail.

L'élément essentiel est que ces lacunes ne sont pas une fatalité. On connaît plusieurs procédés pour désamorcer les problèmes de formation, pour autant que les gestionnaires aient la volonté de sortir du carcan des conventions formelles dont ils ont hérité.

Toutes les possibilités d'organisation envisagées ici supposent un contact avec les paysans, et toutes présentent une forme d'aide au développement rural. Elles sont donc à un certain degré des systèmes de prestation de services – particulièrement les quatre premiers types, qui à eux seuls ont les moyens de prodiguer une aide assez complète. Les approches communautaires, les projets de développement et la formation viennent plutôt s'adjoindre à un système autonome et polyvalent pour en soutenir l'impact général.

Il existe véritablement, pour chacun de ces types, certaines réussites remarquables. Cependant, le rendement moyen est loin d'être satisfaisant. Cela semble d'ailleurs être une caractéristique des organisations de développement rural : chaque catégorie accuse une efficacité très inégale, avec un ou deux succès pour de nombreux échecs. On peut en conclure qu'un bon modèle ne suffit pas nécessairement à garantir les performances d'un programme

Dans les cas les plus remarquables de programmes couronnés de succès, il apparaît qu'un élément essentiel demeure une bonne gestion interne. En matière de développement agricole africain, le rôle de quelques individualités clés semble plus important que partout ailleurs ou dans d'autres domaines. Sans doute y a-t-il plusieurs raisons à cela. La plupart des programmes trahissent une adéquation assez médiocre entre les besoins organisationnels et ce que l'environnement est en mesure de fournir, de sorte que de nombreuses interventions sont nécessaires au niveau de la gestion. Dans un système de réseaux (avec plusieurs services qui s'occupent d'un secteur agricole donné), l'efficacité de chaque unité dépend partiellement des performances des autres opérateurs et l'entente mutuelle sont les conditions minimales du succès. Et, bien évidemment, le rôle essentiel de variables environnementales imprévisibles dans l'agriculture africaine, exerce une pression considérable sur le système de gestion. Les éléments repris donnent à penser que les choix immédiats auxquels sont confrontés les opérateurs varient énormément d'un type d'organisation à un autre.

Ils se distinguent notamment par le mode de financement des activités, par le fait que les administrateurs travaillent à plein temps ou non, sont salariés ou bénévoles, par la qualité et le nombre des membres du personnel, par les relations avec les sources d'assistance technique, par les contacts directs ou indirects entre spécialistes et paysans, par les services qui sont combinés au sein d'une même organisation, et par le rôle accordé aux bénéficiaires au niveau de la prise de décision.

On peut donc s'attendre à ce que les organisations présentent des modèles de management très différents, dans la mesure où chacune est influencée par son environnement de travail. La gestion d'une coopérative agricole n'est pas la même que celle d'un service commercial de fourniture d'intrants, et ce bien que les deux structures puissent dispenser un même service.

Il reste beaucoup à faire, semble –t-il, pour déterminer quels sont les ingrédients d'une gestion efficace dans chacun de ces contextes, pour cerner les interactions entre les demandes de service, les contextes organisationnels et les procédés de gestion. Rares sont les spécialistes qui envisagent la vulgarisation sous l'angle de l'organisation et de la gestion. C'est pourquoi tant de recommandations visant à améliorer les performances reflètent les conceptions normatives des théoriciens, plutôt que de se fonder sur les compétences dont disposent véritablement les organisations sur le terrain. Depuis longtemps déjà, la science de la vulgarisation aurait dû introduire davantage de souplesse dans les mécanismes de son administration.

CHAPITRE 2. LA PROBLEMATIQUE DE L'INCOHERENCE DES POLITIQUES ECONOMIQUES

Section 1. La source des difficultés

Dans toute l'Afrique, aux niveaux les plus bas des administrations agricoles, le personnel de terrain rencontre souvent des conditions de travail extrêmement difficiles. Il est rare, cependant, que les difficultés potentielles apparaissent immédiatement dans toute leur ampleur, parce que l'administration s'est adaptée aux contraintes locales en réduisant son rendement à un niveau qui semble suffisant pour ses propres besoins. Mais partout, on relève de signes qui trahissent un malaise à un niveau plus profond : la cour est jonchée de véhicules démontés parce que personne n'a pu obtenir de pièces de rechange ; les techniciens restent immobilisés pendant de longues périodes faute de carburant ou de moyens de transport ; l'économie locale tout entière est menacée par des crises, mais personne ne réagit ; et ne peuvent plus servir à rien lorsqu'ils sont enfin publiés ; et beaucoup d'expériences restent tout simplement inachevées en raison de nombreux problèmes opérationnels assez prévisibles.

Et pourtant, la vie au jour le jour n'a rien d'intolérable. Au moins, les salaires sont payés et les gens sont présents dans leur bureau, le système bureaucratique se maintient comme s'il était pleinement opérationnel. C'est là un paradoxe fréquent en Afrique : les services de vulgarisation que l'on s'attendrait à trouver gravement surmenés apparaissent au bout d'une courte évaluation comme presque somnolents. Pour mieux comprendre cette situation, distinguons trois facteurs.

Paragraphe 1. Les tensions imputables aux structures

Les responsables politiques devraient admettre plus volontiers qu'il existe des raisons d'ordre structurel qui rendent presque toujours la gestion du secteur agricole plus difficile que les autres types de services publics. N'importe quel fonctionnaire qui s'occupe d'agriculture pourrait les énumérer. D'abord, bien sûr, il y a le fait que les végétaux et les animaux ont des besoins constants qui ignorent les horaires de bureau, les week-ends, les congés et les vacances. Ensuite, beaucoup d'activités agricoles ont un caractère saisonnier très prononcé. La quantité et la nature de leurs exigences varient énormément tout au long de l'année. Troisièmement, la production agricole en région tropicale se signale par des niveaux d'incertitude très élevés : inondations, épidémies, nuées de sauterelles, sécheresse, qui ébranlent l'organisation d'un système de services agricoles. Quatrièmement, il y a le fait inévitable que les impacts négatifs ont un effet cumulatif sur toute la saison ; la moindre erreur au niveau de n'importer quel maillon de la chaîne se paie par une réduction générale du rendement, tandis que, pour certaines cultures (comme le coton ou le tabac), des problèmes de dernière minute peuvent anéantir tous les efforts précédents, quelle qu'ait été leur efficacité.

Il est vrai, cependant, que les sources de tension sont différentes selon que les activités sont directement liées à la production ou ont trait à la prestation de services aux paysans. On s'en aperçoit en consultant les deux listes qui suivent.

Tableau n°50. Apports nets des ressources en provenance de la France (en milliards de FCFA)

Pays	Financements Publics	Crédit à l'import	Apports privés
Bénin	2,2	7,8	1,9
Burkina Faso	2,3	9,5	2,3
Cameroun	2,7	11,8	3,6
Centrafrique	1,3	2,3	1,4
Comores	1, 3	2,3	4,2
Congo	2,3	8,6	3,1
Côte-d'Ivoire	4,4	4,2	5,4
Gabon	1,2	6,4	2,1
Guinée-Conakry	2,2	1,3	1,4
Guinée Bissau	8,7	4,5	3,4
Guinée Equatoriale	10,8	2,9	1,6
Mali	7,6	1,5	2,4
Niger	6,3	1,4	3,2
Tchad	1,9	1,6	1,5
Sénégal	3,6	1,2	4,3
RDC	4,6	1,4	4,9

Sources : PNUD 2007

Paragraphe 2. La question de la production

Par exemple, la ferme expérimentale d'une station de recherche :

- nécessite de nourrir et d'abreuver les animaux pendant les week-ends et les vacances ;
- les pompes doivent être maintenus en service, même en dehors des heures de bureau ;
- nécessité de veiller constamment à la sécurité ;
- une expertise vétérinaire et de contrôle des maladies peut être nécessaire ;
- les intrants doivent être stockés à la ferme ;
- utilisation de produits chimiques dangereux ;
- on peut avoir besoin d'un moyen de transport dans un délai très court ;
- les activités varient selon les saisons, mais ne peuvent être programmées ;
- l'argent doit être gardé à la ferme en espèces ;
- tout au long de la saison, il y a de petites dépenses.

Section 2. La gestion de la prestation de services

Par exemple, un bureau local :

- nécessité de desservir des zones et des cultures différentes ;
- les bénéficiaire sont disséminés et difficiles à localiser ;
- les affectations doivent permettre au personnel de travailler dans des endroits éloignés et inaccessibles ;
- une assistance spécialisée peut être nécessaire dans un délai très courts ;
- les intrants destinés aux paysans doivent parfois être achetés en gros ;
- les dispositions de mise en quarantaine doivent être opérationnelles à tout moment ;
- il faut parfois assurer la distribution des salaires ;
- nécessité d'intervenir rapidement si des maladies se déclarent ;
- le programme de travail doit pouvoir être modifié en peu de temps.

L'essentiel ici est que les gestionnaires doivent être préparés à utiliser des modes d'action qui ne correspondent guère aux méthodes du système bureaucratique. Partout dans le monde, les administrations ont du mal à faire fonctionner leurs exploitations ; et d'aucuns disent qu'elles ne sont pas beaucoup plus performantes dans la prestation de services agricoles. C'est pourquoi, dans les pays développés, on a observé une tendance générale à la spécialisation des opérations de terrain, avec un personnel hautement qualifié, libre d'agir comme il l'entend. Dans ce contexte, l'organisation conçoit l'utilité d'équiper les spécialistes de terrain de véhicules et de matériel coûteux.

Les tensions les plus fortes surviennent dans des institutions qui, au contraire, ont un mode d'organisation bureaucratique, mais continuent à exercer d'importantes responsabilités en matière d'agriculture. La machine bureaucratique type se concentre sur la prestation des services routiniers, et définissent de ce fait leur fonction comme celle d'une « administration de l'agriculture ».

Souvent, le personnel de terrain en contact avec les agriculteurs est mal formé, mal équipé et mal payé. Ceux qui ont une formation spécialisée sont confinés dans des postes administratifs subalternes ou dans des institutions de recherche et de formation séparées du service de reprises. Contentons-nous ici d'insister sur les difficultés que rencontrent les fonctionnaires lorsqu'ils s'efforcent de satisfaire aux exigences des services agricoles.

Prenons, par exemple, le nord du Cameroun vers moitié des années 70. Deux cages de poussins éclos le jour même sont débarquées à l'aérodrome local, un samedi après-midi, alors que les bureaux sont fermés pour la journée. Destinés au service vétérinaire local, ils ont été expédiés par un vol censé atterrir à 9 heures 30, mais ne sont arrivés qu'à 14 heures, après que les bureaux du service vétérinaire aient fermé leurs portes pour le week-end. Certains d'entre eux sont déjà morts. Or, ici, chaque intervenant peut rejeter la faute sur quelqu'un d'autre : le département vétérinaire accusera le bureau de la compagnie aérienne, lequel invoquera l'arrivée tardive le l'avion, tandis que l'équipage reprochera à l'agent chargé de l'expédition d'avoir fait embarquer des poussins vivants sur un vol de week-end (souvent saturé et retardé), et ainsi de suite d'un maillon à l'autre de la chaîne. Ce qui pourrait sembler une transaction de routine exige en fait quantité d'efforts supplémentaires que les cadres doivent le bât blesse, de sorte que, comme l'illustre cette anecdote, des activités prévues ne se déroulent pad de manière satisfaisante.

On en déduira que l'organisation de type bureaucratique, pour conforme qu'elle soit à l'idéal d'un ministère de l'Agriculture africain, n'est pas en mesure de répondre convenablement aux besoins des systèmes agricole dont elle a la charge. Le personnel de terrain n'a ni la consigne, ni l'autorisation, ni les moyens d'agir pour résoudre les problèmes locaux. Et avant d'obtenir par la voie hiérarchique le soutien nécessaire, il sera trop tard. Telle est, la principale raison pour laquelle, en Afrique, tant d'administrations chargées de l'agriculture se voient conférer un statut parapublic qui leur permet d'échapper aux formalités assommantes et improductives.

Tableau n°51. Balance commerciale des pays membres de l'OHADA (en milliards Francs CFA)

Années	2006	2007	2008	2009	2010
Bénin	7,9	9,8	9, 4	1,2	1,3
Burkina Faso	1,6	1,5	1,3	2,1	1,4
Cameroun	4,9	1,4	4,6	1,3	1,9
Centrafrique					
Comores	1,3	1,5	1,2	1,1	1,4
Congo	1,9	1,6	15	1,2	1,1
Côte-d'Ivoire	8,8	1,0	5,3	3,4	1,6
Gabon	1,6	1,7	1,4	1,6	1,8
Guinée-Conakry					
Guinée Bissau	1,8	1,2	1,9	1,7	1,6
Guinée Equatoriale	2,3	2,1	2,1	1,9	3,4
Mali	1,7	1,9	2,1	1,9	2,4
Niger	1,9	1,8	1,4	1,7	1,5
Tchad	3,6	1,2	1 ,5	1,7	1,6
Togo	1,3	1,2	1,5	1,3	1,2
RDC	4,6	4,5	3,7	2,6	3,9

Sources : PNUD 2007

Section 3. Les problèmes propres au travail de terrain

Les nombreuses études de cas et évaluations de projets concernant le développement agricole dans l'espace OHADA ont mis en évidence une longue liste de difficultés au niveau de la mise en œuvre, trop nombreuses pour que l'on puisse les expliquer par les seules tensions inhérentes aux structures. Il semble que les environnements africains présentent d'autres caractéristiques qui amplifient les problèmes auxquels se heurtent les gestionnaires sur le terrain. Nombreuses sont les causes immédiates d'accroissement des tensions : l'extrême pauvreté des pays africains, leur lourd endettement et les distorsions économiques qui l'accompagnent, l'omnipotence de l'armée, la sécheresse et les sauterelles, ou encore les rivalités entre groupes sociaux. Dans l'ombre de ces points de tension manifestes se trouvent cinq facteurs sous-jacents, eux-mêmes.

CHAPITRE 3. LA POLITIQUE DE VULGARISATION AGRICOLE

L'un des principaux changements survenus dans les années 80 dans le système international fut la présentation croissante de l'Afrique comme le continent à problèmes de la planète. Grâce à cette prise extérieurs de réclamer les réformes radicales que nous envisagerons dans ce chapitre. Mais il peut être utile d'examiner d'abord des suggestions antérieurs reçues et appliquées par les gouvernements africains (certaines d'entre elles sont aujourd'hui décriées en raison de leurs performances décevantes).

Section 1. Les initiatives prises juste après l'indépendance

Les années 60 et 70 ont marqué, pour une grande partie de l'Afrique, la fin de la domination coloniale, dans un contexte d'appauvrissement où la plupart des services généralement associés au développement national restaient à construire, parfois à partir de rien. Ainsi, comme nous l'avons dit, la première décennie qui succéda à l'indépendance commença presque partout par l'édification des institutions, souvent grâce aux organismes de financement qui se bousculaient pour aider les nouvelles nations souveraines. Un grand nombre de services publics et semi-publics furent crées : instituts de recherche, offices des matières premières,

école d'agronomie, écoles coopératives, services topographiques, centres audiovisuels, institut d'administration publique et même des universités entièrement neuves- dans une atmosphère d'expansion économique où le personnel dirigeant n'était pas tenu d'assurer une base financière locale pour soutenir l'infrastructure mise en place. Le triple objectif de l'africanisation, de la construction des institutions et de la modernisation suffisait à justifier presque n'importe laquelle des installations spécialisées qu'un bailleur de fonds consentirait à édifier.

En conséquence, les réformes adoptées n'avaient pas à se soucier des problèmes de financement des institutions mises en place. Au contraire, les experts étrangers aidèrent les employés ministériels à établir des programmes pour écoles d'agronomie, à créer des centres de formation agricole (par exemple au Togo, en Côte d'Ivoire, au Cameroun, au Congo-Kinshasa et en Guinée, de vulgarisation récemment formé. Les hauts fonctionnaires s'appliquèrent à organiser la main d'œuvre, à pourvoir les institutions de formation en personnel et en équipement, à faire entrer l'agronomie dans l'enseignement général et à enseigner aux agents de terrain comment mener les démonstrations agricoles en milieu réel.

En Afrique centrale, au moins, le contenu de la vulgarisation provenait largement de technique de production de maïs, du café et du thé, déjà développées et expérimentées dans les grandes exploitations dirigées par les anciens colons. Des sociétés commerciales (comme la BAT en Afrique orientale ou les filiales de la CFDT en de systèmes pour superviser de près les petites exploitations parrainées officiellement.

Au début des années 70, donc, les principales initiatives en matière de développement rural visaient à perfectionner l'infrastructure institutionnelle, par exemple en créant des régies chargées de gérer chaque culture commerciale ou en déployant des programmes de développement rural intégré. Ce sont les bailleurs de fonds étrangers eux-mêmes qui poussaient les régimes africains à mettre sur pied ces institution avec leurs structures complexes et leur personnel nombreux. L'association de meilleurs intrants et de cultures commerciales d'un apport élevé était censée servir de locomotive au système grâce à un accroissement des exportations, qui rembourseraient les prêts consentis Guinée, Centrafrique, Tchad).

La prolifération de nouvelles institutions financées par des organisations internationales créa une atmosphère d'expansion économique : les promotions pleuvaient et personne ne se souciait véritablement du remboursement des emprunts. En fait, les analyses de la Banque mondiale se concentraient plutôt sur des évaluations économiques. Ceux qui exhortaient les pays africains à lancer de nouveaux projets ne s'inquiétaient pas assez des implications, des frais récurrents ou de l'incapacité totale de nombreux gouvernement à accroître les revenus de l'Etat provenant des petits paysans. C'est assez dire que les dirigeants politiques ont été pris au dépourvu par la récession à la fin des années 70. Ils s'étaient engagés dans de gros emprunts qui supposaient des cours favorables, et la prise en charge des coûts par les producteurs. En outre, ils venaient à peine de créer une infrastructure institutionnelle complexe confiée à des administrateurs qui ne se préoccupaient absolument pas des coûts. A l'époque, les commentateurs étrangers eurent beau jeu de fustiger les excès africains, mais nous pourrions observer que le FMI et la Banque mondiale avaient fait preuve d'une certaine légèreté dans leur approbation. La Banque elle-même a favorisé ces projets qui ne sont plus viable aujourd'hui, et ce, en se fondant sur des projections agronomiques erronées et des analyses institutionnelles pour ainsi dire inexistantes. Du reste, les recherche menées par Wheeler sur les origines de la stagnation économique en Afrique sub- saharienne font apparaître une relation étroite entrer les fluctuations des prix à l'exportation et les rendements moyens au cours des vingt dernières années (1984, P.1).

Tableau n°52. Commerce de marchandises

Pays	Exportations	Importations	Exportations manufacturières)	Solde des transactions courantes)
Bénin	590	1110	9	-226
Burkina Faso	660	1700	8	
Cameroun	3750	3760	3	
Comores	1562	2143	1	2
Congo	6100	2900		
Côte-d'Ivoire	8400	6100	15	146
Gabon				
Guinée Bissau				
Guinée Equatoriale				
Mali	1620	2000	10	-231
Niger	650	970		-312
Tchad	3450	1500		
Togo	690	1450	58	-461
Sénégal	1650	4250	44	
Sao-tomé et principes				
RCA	195	230	36	
RDC	2600	2950		

Sources : PNUD 2007

N.B. Ce tableau montre que le sous-investissement dans les infrastructures de transport défavorise les échanges et le commerce de marchandises.

Section 2. La recherche sur les systèmes agricoles

La démarche connue aujourd'hui sous le nom de recherche systèmes a eu, en Afrique, trois grands pionniers. L'Allemand Ruthenberg fut parmi les premiers (avec Eric Clayton au Kenya) à s'apercevoir que les petites exploitations d'Afrique orientale pouvaient être analysées au moyen des techniques de gestion agricole conventionnelles, déjà employées dans les pays développés, mais que leurs traditions agraires présentaient des caractéristiques économiques distinctes, qui devaient être prises en compte dans la formulation des politiques de développement(1968). Aussi entreprit-il de décrire les systèmes agricoles tropicaux du monde entier (Ruthenberg, 1980). Collinson, qui s'occupait de recherche sur la culture du coton à Ukiriguru en Tanzanie, lui emboîta le pas avec sa propre présentation sur le système agricole des Sukuma et son plaidoyer pour la méthode d'investigation au moyen de visites uniques dans les exploitations (1972). Entre –temps, à Zaria, dans le nord du Nigeria, Norman s'employait, avec une équipe de chercheurs, à analyser l'agriculture des Haoussa (dont la description parut d'abord dans plusieurs rapports nigérians, avant d'être publiée en 1982 dans Norman, Simmons et Hays). Ainsi, le travail qui s'inscrit dans ce que l'on appellerait aujourd'hui l'approche systèmes de productions agricole a ses propres racines en Afrique, distinctes du système du CGIAR et parallèles à des développements similaires en Amérique latine et en Asie (sous l'impulsion de Hildebrand et Barker, parmi d'autres.

Comparée à la recherche agronomique antérieure (telle que la décrivent Belshaw et Hall, 1972), la recherche sur les systèmes agricoles fait apparaître au moins quatre différences (Norman, 1982) :

- elle se fonde sur une conception globale de l'exploitation comme un tout ;
- Les priorités de la recherche devraient refléter cette analyse de l'entité agricole ;
- la recherche sectorielle doit prendre en considération les connexions avec d'autres sous-systèmes ;
- l'évaluation de la recherche prend en compte les liens entre les sous-systèmes.
- Norman énumère également quatre étapes dans on application en aval :

- une étape descriptive et diagnostique qui considère le contexte général ;
- la conception de stratégies d'intervention fondées sur un diagnostic préalable ;
- l'essai sur le terrain des stratégies d'intervention proposées ;
- la vulgarisation fondée sur les mesures qui produisent de bons résultats lors de la sélection en milieu réel.

Ainsi considérée, la recherche sur les systèmes agricoles apporte une méthodologie qui permet de choisir les problèmes à étudier et qui garantit l'évaluation en milieu réel des recommandations qui en découlent. Dans son ensemble, l'approche système présente certaines caractéristiques générales qui constituent indéniablement un progrès par rapport à la tradition précédente basée sur la recherche biologique.

A quelques différences près, la plupart des tenants de la recherche systèmes la décrivent ainsi :

- s'efforcer d'identifier et d'étudier les contraintes auxquelles sont confrontés les paysans ;
- effectuer des études globales et un diagnostic rapide pour définir les zones qui seront ensuite examinées plus en profondeur ;
- faire appel à toutes les disciplines concernées ;
- collaborer avec les paysans pour mettre en lumière les problèmes et sélectionner les technologies ;
- concevoir les recommandations sans perdre de vue les domaines où elles peuvent être appliquées.

Par rapport à la recherche technique, la plus grande différence est peut-être qu'en recherche systèmes, les questions à étudier dérivent d'une analyse préalable des besoins et de l'environnement de l'utilisateur et non de considérations de disciplines. Elle part du principe qu'aucun ensemble de conseils de vulgarisation ne peut à lui seul s'appliquer à tous les paysans. Un argument essentiel en faveur de la RSA est donc qu'elle permet d'identifier les principaux types d'agriculteurs (selon des critères écologiques, économiques et sociaux) qui se distinguent les uns des autres par leurs objectifs de production, leurs pratiques et les contraintes qu'ils subissent, et qui, de ce fait, ont besoin de paquets techniques différents.

La RSA a connu d'importants problèmes de définition. Ses deux buts semblent clairs : adopter une perspective globale d'évaluation agricole et établir des relations avec des systèmes plus vastes. Mais personne ne savait comment les atteindre sans que cela ne coûte trop cher.

Sa description est de celles que la plupart des experts hésitent à publier. Il constate :

- le peu de poids des valeurs techniques et professionnelles face aux impératifs politiques ;
- la structure verticale descendante de bien des institutions pour le développement africain ;
- une tendance au paternalisme chez les spécialistes lorsqu'ils se penchent sur l'agriculture pratiquée par les petits paysans ;
- un manque de valorisation du personnel de rechercher et de vulgarisation ;
- une piètre direction du personnel dans les projets d'assistance technique ;
- l'incapacité des équipes de terrain à disposer de tout le personnel nécessaire en même temps ;
- l'absence de perspectives de carrière à long terme pour les spécialistes des questions socio-économiques ;
- la nécessité de penser à long terme lorsque l'on tente de réforme les institutions.

Section 3. L'ajustement structurel

Pour l'Afrique, les années 80 pourraient être appelées « la décennie de l'ajustement structurel ». Si, en 1979-1980, les prêts de financement de programmes d'ajustement structurel et sectoriel représentaient à peine 0,6% du total des montants accordés par la Banque mondiale, en 1986, ils ont atteint 7,5% (Killick et Commander, 1988, p.1466). Depuis le début des années 80, les dirigeants africains ont subi de fortes pression de la part des bailleurs de fonds, particulièrement l'USAID, pour qu'ils revoient leur politique financière et leurs citent une directive de George Schutz adressé aux missions de l'USAID. Il affirme ni plus ni moins :

« Il faudrait recourir au dialogue politique pour encourager les pays les moins développés à adopter les principes du marché libre et à renoncer aux interventions du gouvernement en matière d'économie. Cela permet au marché d'établir quelles sont les applications les plus rentables des ressources économiques et comment les profits devraient être répartis.

Dans toute la mesure du possible, les gouvernements devraient se fonder sur les mécanismes du marché – sur l'entreprise privée et les forces du marché- comme déterminants principaux des décisions économiques »

Les cibles visées en Afrique ont surtout été l'enseignement universitaire libre, le contrôle des prix pour l'alimentation urbaine, le recours aux offices de commercialisation des céréales plutôt qu'à des commerçants privés, et même les organismes semi-publics (comme la KTDA), qui apparaissaient dix ans plus tôt comme une alternative « privée » pour remplacer les institutions publiques inefficaces (Hulme, 1983). Ainsi que Hulme l'a démontré, les problèmes évidents en Afrique se retrouvent partout ailleurs, mais les crises financières qui contraignent les gouvernements africains à se tourner vers le FMI les rendent plus vulnérables aux pressions.

En échange des financements du FMI, d'importantes conditions, visant à rétablir la stabilité économique, ont été exigées :

- dévaluation de la monnaie nationale, pour rendre les dépenses localement plus coûteuses et pour accroître la compétitivité ;
- libéralisation du commerce en supprimant le contrôle des prix et les restrictions aux importations) ;
- réduction des dépenses publiques par des compressions de personnel et des baisses de salaire partout où la chose est possible (visant les services publics improductifs)
- privatisation des principales institutions qui engendrent des pertes ;
- contribution financière des bénéficiaires pour l'éducation, l'eau, les soins de santé et les services à la production.

On voit apparaître toute une littérature sur les impacts locaux des politiques d'ajustement structurel (voir Havnevik, 1987 ; Commander, 1989 ; Barlett, 1990 ; Brett, 1988 ; Hulme, 1983 ; et George, 1988). Disons simplement que, contrairement aux attentes euphoriques des partisans du libéralisme économique (Barlett, 1990), l'Afrique n'en a pas retiré les avantages immédiats que l'on escomptait.

Pour la vulgarisation, les années 80 auront été celles d'un nouveau retranchement, au point que peu de services fonctionnent encore efficacement dans les zones périphériques. Les compressions de personnel dans les organismes semi-publics ont conduit au licenciement des cadres chargés de la vulgarisation sur le terrain, notamment à la SAED, au Sénégal (Moris et Thom, 1990). Wiggins (1988,1989) relève une certaine ironie dans l'attitude des organismes financiers tout en imposant des restrictions qui minent davantage encore l'efficacité locale de la vulgarisation. Mais l'ironie suprême est que, dans le même temps, la Banque mondiale prônait son système F&V, une forme de vulgarisation publique à la mode des années 60 en contradiction complète avec le principe des programmes d'ajustement structurel. Les lectures voudront sans doute se reporter aux nombreux documents récents de la Banque mondiale, justifiant les positions de la Banque et du FMI, mais il serait bon qu'ils lisent également l'analyse de Wheeler (1984), démontrée empiriquement, selon laquelle le problème sous-jacent demeure que l'Afrique est contrainte de vendre à bas prix les récoltes qu'elle est en mesure de produire de manière satisfaisante (comme le sucre, le café et le cacao).

CHAPITRE 4. COMMENT AMELIORER LES PERFORMANCES ?

Dès lors, la question devient : quelles sont des réformes qui devraient être mises en œuvre dans cette série ? Il de pousser plus avant notre réflexion sur la finalité de la vulgarisation. En effet, les réformes actuelles, se concentrent sur quelques faiblesses majeures et posent de pures hypothèses sur la nature des systèmes existants, hypothèses dont les conditions ne sont pas rencontrées dans la pratique. Pour obtenir à la base des résultats tangibles, c'est dans tout le système que des modifications complexes sont requises, y compris des mesures sortant du cadre des initiatives existantes pour réformer la vulgarisation. On trouvera ici une liste des interventions possibles, dont le but est d'aider les analystes dans leur choix des quelques innovations fondamentales qui portent sur les principales faiblesses d'un système donné.

Les options envisagées commencent par des propositions pour améliorer l'hygiène administrative. Nous examinerons ensuite la participation de paysans et les stratégies générales. Dans notre conclusion, nous comparerons les deux conceptions rivales quant à la manière dont la vulgarisation devrait fonctionner sur le terrain.

Section 1. Comment améliorer la gestion interne ?

En matière de réforme de l'administration africaine, les raccourcis ne mènent nulle part. Si les approches habituelles risquent d'être inefficaces, que peut-on suggérer aux gestionnaires de terrain qui doivent continuer à travailler dans les systèmes existants ?

Paragraphe 1. Le budget

Sur le terrain, le budget annuel demeure en quelque sorte le cordon ombilical d'un programme. L'administration publique, dans ce qu'elle a de plus classique, a raison d'insister sur la nécessité de préparer des budgets avec autant de soin que de réalisme. Le personnel de terrain devrait prévoir qu'il lui faudra défendre sa part de budget. En agriculture, chaque unité aura également à prendre des mesures pour franchir le cap qui sépare deux années d'exercice. L'importance intrinsèque du processus budgétaire c'est-à-dire le principal instrument de gestion des ressources financières de l'organisation est-elle que toutes les améliorations apportées dans ce secteur (par exemple, l'information des dépenses) se répercuteront dans les autres activités.

Paragraphe 2. Le travail en équipe

Il y a aujourd'hui de nombreuses raisons (les bas salaires, le manque de ressources, les mauvaises conditions de travail, l'ampleur des tâches à accomplir) qui donnent à penser qu'il est inutile d'exiger de bonnes performances par la voie officielle. Dès lors, une gestion efficace passe obligatoirement par un style de direction qui favorise le travail en équipe et l'engagement mutuel. Pour ce faire, il importe de veiller à de petits détails, mais essentiels : que le personnel ait le sentiment d'une rétribution équitable et proportionnelle à l'effort fourni plutôt qu'au poste occupé ; que les décisions soient prises conjointement plutôt qu'imposées, etc. Malheureusement, les méthodes de la fonction publique ont tendance à détruire l'esprit et nuisent par conséquence à un bon rendement.

Tableau n°54. Solde des échanges extérieurs des pays (en Milliards de Francs CFA)

	PRODUITS		
	Energétiques	**Agroalimentaires**	**Industriels manufacturés**
2010	1,87	0,25	0,97
2009	1,81	0,31	0,81
2008	0,89	0,27	0,33
2007	0,82	0,30	0,42
2006	0,67	0,39	0,56
2005	0,83	0,48	0,37
2004	0,94	0,51	0,34
2003	0,95	0,44	0,41
2002	0,89	0,53	0,39

Sources : PNUD 2009

N.B. Ce tableau présente l'intérêt des pays à lutter contre l'inflation en agissant sur les mécanismes de formations des revenus, restauration de la capacité de financement des entreprises, mobilisation des banques au service de l'économie nationale (baisse des taux d'intérêt réels, fonds propres consacrés aux priorités, services accrus aux entreprises).

Section 2. La formation et l'entretien de l'équipement

Paragraphe 1. La formation

Les gestionnaires pourraient faire un bien meilleur usage des possibilités de formation interne. Un service tant soi peu important emploie divers spécialistes, dont les compétences pourraient servir à approfondir les connaissances du personnel. La plupart des ministères de l'Agriculture disposent de moyens de formation très élaborés qui ne sont pas actuellement exploités comme ils le méritent. Par ailleurs, si les agents de terrain viennent chaque mois toucher leur salaire (comme c'est souvent le cas dans toute l'Afrique), pourquoi ne pas profiter de l'occasion pour organiser des réunions et de petites séances de formation ? Quant à la formation officielle, elle gagne en popularité lorsqu'elle est encouragée sur les lieux du travail, notamment par des promotions par niveau de qualification.

Paragraphe 2. L'équipement et les installations à l'abandon

La plupart des districts africains ont des installations et du matériel sous-exploités : des véhicules avec un équipement audiovisuel inutilisé, des tracteurs immobilisés faute de pièces de rechange, des salles de cartographie poussiéreuses, et ainsi de suite. La pauvreté est bien sûr un obstacle pour la vulgarisation de terrain, mais elle a aussi valu à l'Afrique une importante assistance extérieure dans le passé. Le paysage est jonché de matériel hors d'usage et d'installations spéciales qui servent rarement. Un gestionnaire dynamique peut parfois se procurer des ressources substantielles en trouvant simplement des pièces détachées ou en suggérant de nouvelles utilisations pour des structures sous-exploitées.

Paragraphe 3. Les attributions de personnel

Il est particulièrement difficile d'obtenir la nomination de cadres à un poste donné et plus dur encore de les faire muter par la suite. Lorsqu'ils ont leur mot à dire dans le recrutement, les superviseurs locaux devraient voir au-delà des qualifications sur papier et se renseigner sur les prestations antérieures des candidats. Une compétence bien établie est un élément capital en agriculture.

Paragraphe 4. La répartition des tâches

La procédure en vigueur dans la fonction publique ne permet guère de découvrir les compétences particulières des individus après qu'ils ont été désignés à un poste. Une bonne gestion exige que l'on exploite au mieux des qualités individuelles. Le moral s'améliore lorsque les gens ont l'impression d'être employés et appréciés selon leurs propres aptitudes. Eu égard aux contraintes budgétaires actuelles, il devient impératif de mieux utiliser le personnel existant.

Paragraphe 5. Les affectations

Les affectations jouent un rôle très important dans la productivité : d'une part, elles sont souvent de la compétence du superviseur et, d'autre part, elles ont un impact très fort sur le moral du personnel. Les superviseurs devraient s'abstenir de procéder à des mutations qui ne sont pas nécessaires ou qui sont prises par mesure de sanction. Il devrait y avoir une politique d'affectation bien arrêtée, permettant aux individus de travailler suffisamment longtemps dans une région pour y développer leur efficacité. Il faudrait en outre imposer à tous les membres du personnel d'accomplir deux ou trois missions de terrain avant de les nommer aux postes si convoités dans le service centraux. Ainsi, les affectations successives d'un individu devraient apparaître comme les échelons menant à une précieuse expérience du terrain et à une compétence accrue.

Paragraphe 6. Des contrôles simples

Les réglementations gouvernementales visant à accroître le degré de contrôle exercé d'en haut risquent d'absorber beaucoup d'énergie. Dans la mesure du possible, les systèmes de contrôle doivent rester simples et transparents. Ils doivent s'appliquer à tous sans distinction hiérarchique.

Paragraphe 7. Préserver la mobilité

La vulgarisation agricole exige des contacts réguliers avec une clientèle disséminée et en proie à la pauvreté. Aussi une préoccupation prioritaire devrait- elle être de préserver la mobilité du personnel. Cela risque de devenir un souci majeur lorsque le carburant est rare et les véhicules hors d'usage. Ce problème peut amener le bureau de vulgarisation à négocier le droit d'entretenir ses propres véhicules

- un privilège rarement consenti aux organisations de la fonction publique.

S'y ajoutent des questions soulevées par la politique adoptée : faut-il qu'un service rembourse ses employés pour qu'ils utilisent leurs propres moyens de transport ? Les cadres supérieurs peuvent-ils profiter des véhicules officiels pour leur usage privé ?

Section 3. Une programmation opportuniste

Nous avons vu que les unités de terrain contrôlent rarement leurs propres calendrier, qui subissent de nombreuses contraintes et l'interférence quotidienne des changements de plans de leur hiérarchie. Cela signifie que le personnel doit être préparé à modifier ses plans à l'improviste. Une utilisation circonstancielle des rares ressources peut être favorisée par des réunions hebdomadaires pour programmer les activités.

Paragraphe 1. Etablir un ordre de priorité dans les innovations

Les administrations ont une aptitude très restreinte à tolérer les innovations. D'importants changements sont réalisables lorsqu'un nouveau gestionnaire prend la tête du service, mais par la suite, il est de plus en plus difficile de les mettre en œuvre. Pour être efficaces, la plupart des innovations administratives devraient refléter une perception commune de la nécessité d'une réforme. Leur démarrage coûte cher et monopolise beaucoup de temps et d'énergie. C'est pourquoi les gestionnaires doivent établir des priorités parmi les propositions de changement et se concentrer sur une ou deux améliorations seulement pendant une période donnée.

Paragraphe 2. Récompenser le rendement du personnel

Dans de nombreux ministères, l'évaluation des performances et les promotions se fondent sur des rapports annuels confidentiels rédigés par les superviseurs. Malheureusement, la manière dont ces dossiers sont utilisés risque davantage de contrarier les résultats sur le terrain que de les améliorer. Il est très important, pour les employés de prendre part à l'évaluation de leurs propres performances (certains pays ont adopté un système qui leur permet de noter leurs explication en regard des commentaires de leur supérieur). La conception du rapport devrait également mettre en valeur les réalisations concrètes qui peuvent être justifiées publiquement. D'une manière générale, les administrations devraient revoir la façon dont elles reconnaissent et récompensent des résultats remarquables.

Paragraphe 3. Les nouvelles technologies

Il existe toute une gamme de nouvelles technologies qui semblent particulièrement adaptées pour surmonter les problèmes de communication qui caractérisent le développement agricole africain : des véhicules tout-terrain peu coûteux, des radios et d'autres équipements fonctionnant à l'énergie solaire, et des ordinateurs portables susceptibles de fournir, dans les endroits les plus éloignés, des capacités de traitement de texte et de données statistiques. Les échanges d'information jouent un rôle capital dans la vulgarisation agricole. C'est pourquoi les agents de terrain pourraient développer une utilisation beaucoup plus imaginative des nouvelles technologies informatiques. Leur moral s'en trouverait d'ailleurs amélioré, surtout lorsqu'ils sont en poste dans des stations isolées.

Tableau n°21. Solde des échanges des pays avec l'étranger (en milliards de FCFA)

Pays	2006	2007	2008	2009	2010
Bénin	-39	-45	-50	-60	-42,8
Burkina Faso	-4,8	-0,8	-2,1	-6	-8,5
Cameroun	-9	-8,8	-10,2	-14	-4,5
Centrafrique	-13	-15	-17	-9	-5,6
Comores	-34	-8	-12	-12	-7
Congo	-3,2	-2,3	-5,1	-6,4	-5,5
Côte-d'Ivoire	+4,6	+2,8	+4	+4	+3
Gabon	-3,3	-4	-4,8	-6,2	-5,9
Guinée Bissau	-3,1	-1,9	-2	-6	-8,4
Guinée Equatoriale	-2,8	-4,7	-5,3	-5,8	-9
Mali	-7,5	-11,3	-5,8	-5,8	-7,7
Niger	-6	-4,8	-4,6	-4,6	-5,8
Tchad	-4,8	-2,6	-6,1	-6,1	-4,3
Sénégal	-5,1	-3,8	-5,7	-3,4	-5
RDC	-6,8	-4,5	-6,1	-4,9	-6

Sources : PNUD 2009

N.B. Pour la balance des transactions courantes internationales + (b. des invisibles (impôts et exports de services + transferts unilatéraux) + autres biens et services). Soldes en % du PIB.

Paragraphe 4. Les moyens d'information

Le nouveau matériel et l'information technique perfectionnée auront vite fait de disparaître si le bureau de région ne peut leur offrir un lieu officiel. Souvent, le district créera sa propre bibliothèque pour mettre en sûreté les documents techniques et où pourront donc être conservés les cartes, les ordinateurs et autre équipements spécialisés. Ce genre de centre joue un rôle vital dans la création d'une mémoire de l'institution. Il peut encore être utilisé comme base pour les consultants en visite et pour la formation du personnel.

Section 4. Tirer parti de l'intérêt des bailleurs de fonds

De nos jours, la plupart des capitaux ne peuvent provenir que de financements étrangers. Pour les districts pauvres, ce n'est pas forcément un désavantage : les bailleurs de fonds se sont souvent formellement engagés à aider ceux qui en ont le plus besoin. Dans les précédents développements, nous avons passé en revue les risques associés aux projets financés de l'extérieur. Dès lors que ceux-ci sont connus (et que des solutions ont été choisies), il reste des perspectives considérables pour découvrir de nouveau domaines où les dirigeants de région peuvent solliciter l'assistance d'organismes financiers. Ces derniers sont souvent à court d'idées, de sorte que les projets bien préparés ont de bonnes chances d'obtenir des fonds.

Paragraphe 1. Stimuler la participation des paysans

Lorsque les services de terrain seront parvenus à élaguer et à dynamiser leurs opérations internes, ils seront en position de reconsidérer les activités qui font intervenir les utilisateurs. Comment pourrait-on stimuler davantage la participation des paysans ?

Paragraphe 2. Les innovations à haute rentabilité

Toute indique que, dans des conditions de variabilité et de risque élevés, les innovations doivent produire des bénéfices assez spectaculaires pour être remarquées par les paysans. Dès lors, les programmes ne peuvent se permettre de promouvoir sur le terrain des recommandations expérimentées dans les seules stations de recherche qui, dans des conditions très contraignantes, donnent souvent des résultats bien moins satisfaisants. Le personnel doit entreprendre une recherche active à propos des idées prometteuses. Si ces innovations proviennent des paysans locaux ou d'autres sources (comme les projets des ONG), le personnel de terrain devrait servir d'intermédiaire pour obtenir une assistance scientifique complémentaire qui permette de confirmer les avantages observés et de leur trouver des domaines d'application. Quelle qu'en soit la source, les innovations à haute rentabilité constituent le seul moteur possible pour une diffusion dictée par la demande de meilleures technologies.

Paragraphe 3. Une participation des paysans dès le départ

Dans la conception d'un projet, les décisions qui ont le plus gros impact sur les paysans ont tendance à intervenir dès les premières phases du projet. Elles concernent sa situation géographique, le choix des activités et des variétés, la reconnaissance des problèmes locaux, l'esquisse des structures

(Particulièrement importante pour les programmes d'irrigation), le recrutement du personnel, les accords de financement, de même que la nature et la fréquence de la contribution des paysans. Les études sur le développement de l'irrigation en Asie ont abouti à la conclusion, fort prévisible, qu'à moins d'impliquer les paysans dès le départ dans l'entreprise, il est difficile d'obtenir par la suite leur participation. On ne peut que recommander fortement au personnel de terrain de considérer qu'il travaille avec les paysans plutôt que pour eux, et de faire en sorte que les utilisateurs potentiels soient partie prenante depuis le début dans l'organisation du projet.

Paragraphe 4. Des réseaux de contact multiples

Etant donné que les ressources ne permettent plus aujourd'hui de travailler simultanément dans toute la communauté, et que chaque région entretient des relations différentes avec des ONG et divers services spécialisés, les personnes chargées d'organiser la vulgarisation devraient encourager le développement de réseaux de contact multiples. Cela suppose l'abandon des structures de contrôle verticales que l'on rencontrait précédemment. Le personnel de vulgarisation doit ; au contraire, apprendre à faciliter et à soutenir l'implantation d'autres organisations dans une région. Le pluralisme des services existe déjà dans bien des régions. Nous voudrions que cette situation soit perçue comme une chance de couvrir un éventail plus large de groupes d'utilisateurs et d'assurer un meilleur retour de l'information si les choses commencent à aller mal dans des communautés particulières.

Paragraphe 5. Eviter d'accumuler les prêts

Il me semble, personnellement, que dans le contexte d'une exploitation à haut risque, la plupart des financements contre remboursement ne sont pas souhaitables. Les prêts devraient être réservés à des cultures commerciales à haute rentabilité, et garantis par des antécédents du paysan témoignant d'une fourniture de qualité à une quelconque structure d'organisation de la production. Les principales institutions financières ne partent généralement pas du même principe et encouragent la prestation de services soutenus par un prêt à tous les types de paysans. Souvent. Les prêts pour les récoltes et les intrants sont confiés à un organisme semi-public, comme une corporation financière agricole ou une banque de développement rural, voire, de nos jours, à des banques commerciales. Ces organismes ne disposent pas au niveau local des informations adéquates et, dès lors, attendent du service de vulgarisation qu'il sollicite des prêts pour des paysans qui, de ce fait, s'endetteraient davantage. Benor a incontestablement raison d'insister sur le fait que le personnel de vulgarisation ne devrait pas accomplir ce genre de tâche, qui reviennent à faire endosser au service de vulgarisation lui-même le coût de la mauvaise conception de politiques adoptées par les commanditaires et les bailleurs de fonds

Section 5. Les programmes pour l'agriculture domestique

Les observateurs extérieurs ont beaucoup tardé à découvrir les particularités et l'importance cruciale de l'agriculture domestique, pratiquée généralement par des femmes et des enfants dans les environs immédiats de leur habitation. Toutefois, l'exemple rapporté de la côté Kenyane par Myers (1986) montre ce qui peut être réalisé pour parvenir à une exploitation durable, même au sein d'un environnement très dégradé. Les méthodes de cultures existantes font presque toujours intervenir de multiples espèces entretenant font presque complexes : des herbes, des fruits, des cultures de plantes vivaces (comme de café ou le cacao), des plantes-racines, des légumineuses, de petits ruminants, des arbres et des cultures maraîchères commerciales. Les membres du ménage exploitent de très petites superficies de manière intensive et continue. Considérés sous l'angle de la durabilité à long terme, ces systèmes sont supérieurs aux solutions de monocultures commerciales proposées par les agronomes. Ce genre d'exploitation mérite toute l'attention du monde scientifique et peut trouver une meilleure compréhension à la lumière de notions comme la permaculture de Mollison ou l'agriculture adaptative de Stewart (Mollison et Holmgren, 1982 ; Stewart, 1986). Tous les paquets techniques développés conformément à cette situation ont le mérite d'être particulièrement avantageux pour les plus pauvres, les familles dites sans terre et les réfugiés, trois groupes qui ne sont guère favorisés par les recommandations actuelles.

Section 6. Une unité d'analyse politique

Aujourd'hui, la plupart des pays africains mènent des recherches en marketing et ont en outre une section de planification dans leur ministère de l'Agriculture. Il est indispensable, pour des raisons d'efficacité, que ces domaines soient étroitement liés. Que ce soit au ministère de l'Agriculture ou à celui des Finances et du Plan, on ne peut que plaider en faveur de la création d'une petite équipe chargée explicitement de contrôler les politiques sectorielles et de traiter avec les institutions financières lorsque l'on envisage des mesures d'ajustement structurel. Ces fonctionnaires accompliraient dans le domaine politique le même travail que les gestionnaires dans la formule du projet.

Dans l'espace OHADA, il leur faudrait s'intéresser particulièrement

- à la situation alimentaire intérieure ;
- aux prix à l'exportation et aux rendements des cultures ;
- à la disponibilité en intrants en fonction du commence extérieur,
- aux besoins en personnel et aux frais récurrents du portefeuille de projets du ministère de l'Agriculture ;
- aux frais généraux et à l'endettement des organismes parapublics

Voilà un conseil assez facile à donner. Encore faut-il trouver et retenir des experts locaux qui ont les compétences et l'expérience nécessaires, ce qu'arrive difficilement à faire à la fonction publique. Néanmoins, si les pays considérés sont amenés à dépendre des cultures d'exportation et à se voir dicter leurs politiques financières par des organismes internationaux, comme la Banque mondiale et le FMI, il devient impératif que chaque pays soit en mesure de contrôler et d'évaluer les grandes politique agricoles

Section 7. Créer un système de surveillance environnementale

Une fonction comparable est également nécessaire au niveau du district, où beaucoup de services de vulgarisation n'ont guère témoigné de faculté de réaction jusqu'à présent. Nous avons vu que l'agriculture est confrontée à des environnements dont bien des éléments incontrôlés ont une importance vitale pour les paysans : le climat, les prix à la récolte, les pénuries, les maladies, les invasions de sauterelles, etc. Les employés du ministère de l'Agriculture sont souvent les seuls nationaux sur place qui disposent des compétences techniques leur permettant d'évaluer ce genre de menaces. Nul doute que les paysans sont en droit d'être avertis lorsque se produisent des changements qui pourraient réduire à néant la rentabilité de leur travail. Il n'est pas rare, de nos jours, que le personnel du ministère de l'Agriculture soit déjà en contact avec les bailleurs de fonds et les ONG, qui interviennent dans la lutte contre la sécheresse. Leur aptitude à alerter la population et les autorités est un élément essentiel, une fonction de la vulgarisation qui n'existe pas dans les pays développés (et donc est inconnue des manuels). Pourtant, les fluctuations des prix ou l'arrivée de nouvelles maladies peuvent être tout aussi dévastatrices pour l'économie. Individuellement, les producteurs ne sont pas en mesure d'observer de tels phénomènes, qui sont plutôt du ressort du responsable agricole de région.

Section 8. Reconnaitre les limites imposées par la faiblesse des ressources

Si les services de vulgarisation doivent fonctionner avec fort peu de moyens pour couvrir les frais récurrents et les opérations de terrain, ces contraintes devraient être ouvertement reconnues. Les administrations publiques sont d'ores déjà confrontées à des restrictions financières sévères, mais elles n'en conservent pas moins des pratiques dispendieuses. Les responsables de régions agricoles devraient être encouragés à :

- réduire sérieusement les effectifs parmi les employés improductifs d'une station (comme ceux qui tondent les pelouses ou qui préparent le thé, etc.), qui font encore partie du personnel des services de terrain ;
- limiter le nombre de cadres chargés des contacts à ceux pour lesquels on dispose au moins d'une bicyclette ;

- rechercher les activités en collaboration avec d'autre services de terrain plus favorisés, avec les ONG et les unités centrales spécialisées ;
- développer une ligne de conduite intransigeante pour orienter la sélection des communautés et encourager à terme le retrait de l'assistance ;
- explorer les possibilités des communications radio pour maintenir le contact avec les stations isolées, et partant, réduire les frais de déplacement ;
- établir des liens avec les écoles d'agronomie qui serviront de base de recherche sur le terrain ;
- profiter de l'occasion du paiement des salaires mensuels pour organiser une formation du personnel, des réunions des équipes, pour mettre au point des programmes logistiques et des arrangements pour la fourniture d'intrants.

TABLE DES PHOTOGRAPHIES

TABLE DES CARTES

CHRONOLOGIE DES TABLEAUX

BIBLIOGRAPHIE INDICATIVE

- LE CODE DES INVESTISSEMENTS DU BENIN
- Loi n°90-002 du 9 mai 1990, modifiée par la loi n°90-033 du 24 décembre 1990, l'ordonnance n°2008-04 du 28 juillet 2008 et l'ordonnance n°2008-06 du 8 novembre2008
- CHARTE NATIONALE DES PETITES ET MOYENNES ENTREPRISES ET DES PETITES ET MOYENNES INDUSTRIES (PME / PMI) Avril 2005
- LE CODE DES INVESTISSEMENTS DU BURKINA FASO
- Loi n°62-95 ADP du 14/12/1995, ensemble ses modificatifs Modifiée par la Loi N° 007-2010/AN du 29 janvier 2010
- LE CODE DES INVESTISSEMENTS DU CAMEROUN
- Ordonnance du 08 Novembre 1990 portant promotion des investissements productifs au Cameroun
- LOI N°2013/004 DU 18 AVRIL 2013 FIXANT LES_INCITATIONS A L'INVESTISSEMENT PRIVE EN__REPUBLIQUE DU CAMEROUN
- Décret n°3013/297 du 09 septembre modifiant et complétant certaines dispositions du décret n°2013 du 03 avril 2013 portant organisation et fonctionnement de l'agence de promotion des petites et moyennes entreprises au Cameroun
- Loi n° 2010/001 du 13 avril 2010 portant promotion_des petites et moyennes entreprises au Cameroun
- LE CODE DES INVESTISSEMENTS DE LA REPUBLIQUE CENTRAFRICAINE
- Loi n°96-019 du 13 mai 1996 portant promotion des investissements productifs en République Centrafricaine
- Loi n°01-010 du 16 juin 2001 prise en application des dispositions de la charte communautaire de l'investissement en zone CEMAC
- Décret n°96.283 fixant les modalités d'application de la n°96 ?019 du 13 mai 1006 portant Code des investissements en République Centrafricaine
- Arrêté n°029/96 fixant la Procédure d'Agrément au Code des investissements ainsi que les éléments d'application des demandes d'Agrément
- LE CODE DES INVESTISSEMENTS DE LA REPUBLIQUE DU CONGO
- LOI N°6/2003 DU 18 JANVIER 2003 PORTANT CHARTE DES INVESTISSEMENTS EN REPUBLIQUE DU CONGO

- Décret n°2011''258 du 25 mars 2011 portant création, attributions et organisation du haut conseil du dialogue public-privé en République du Congo
- LE CODE DES INVESTISSEMENTDE LA REPUBLIQUE DEMOCRATIQUE DU CONGO
- DECRET N° 12/046 DU 01 NOVEMBRE 2012 PORTANT MESURES D'APPLICATION DU CODE DES INVESTISSEMENT
- AUTRES TEXTES
- LE CODE DES INVESTISSEMENTS DE LA REPUBLIQUE DE COTE D'IVOIRE
- ORDONNANCE N° 2012 – 487 DU 07 JUIN 2012 PORTANT CODE DES INVESTISSEMENTS EN COTE D'IVOIRE
- DECRET N° 2012-05 DU 11 JANVIER 2012 PORTANT DEFINITION DE LA PETITE ET MOYENNE ENTREPRISE EN COTE D'IVOIRE
- CODE DES INVESTISSEMENTS DE LA REPUBLIQUE DU GABON
- LOIS, DECRETS ET ARRETES
- Loi n°15/1998 instituant la Charte des Investissements au Gabon
- Loi n°016/2005 portant promotion des petites et moyennes entreprises et des petites et moyennes industries en République Gabonaise
- Décret N° 1144/PR/SE-PME du 5 août 1983 portant attributions et organisation du Secrétariat d'Etat chargé de la Petite et Moyenne Entreprise
- Loi n° 13/83 du 31 décembre 1983 Érigeant l'Agence Gabonaise de Promotion Industrielle et Artisanale en Agence Nationale de Promotion de la Petite et Moyenne Entreprise
- Décret n° 357/PR/PM/SEPME du 7 mars 1984 Portant approbation des statuts de l'Agence Nationale de Promotion de la Petite et Moyenne Entreprise
- Décret n° 968/PR/MINPME du 1er juin 1985 Fixant les modalités d'intervention du Fonds d'aides et de garantie des Petites et Moyennes Entreprises
- Décret n° 969/PR/MINPME du 1er juin 1985 Portant statuts du fonds d'aide et de garantie aux Petites et Moyennes Entreprises gabonaises
- Ordonnance N° 1/93 du 15 avril 1993 portant création d'un fonds d'expansion et de développement des Petites et Moyennes Entreprises ou Industries

- LOI N°30/93 DU 23 AOUT 1993 PORTANT RATIFICATION DE l'ORDONNANCE N° 1/93 DU 15 AVRIL 1993 PORTANT CREATION D'UN FONDS D'EXPANSION ET DE DEVELOPPEMENT DES PETIT ET MOYENS ENTREPRISES OU INDUSTRIES, EN APPLICATION DE LA LOI N° 6/93 DU 14 JANVIER 1993 AUTORISANT LE PRESIDENT DE LA REPUBLIQUE A LEGIFERER PAT ORDONNANCE PENDANT LA PERIODE D'INTERSESSION PARLEMENT
- Ordonnance n° 0009/93 Portant création du fonds d'aide à l'insertion et à la réinsertion professionnelles
- DECRET N° 273/PR/MINTRHFP DU 9 MARS 1994 FIXANT L'ORGANISATION ET LE FONCTIONNEMENT DU FONDS D'AIDE A L'INSERTION ET A LA TEINSERTION PROFESSIONNELLEORDONNANCE N° 0009/93/PR PORTANT CREATION DU FONDS D'AIDE A L'INSERTION ET A LA REINSERTION PROFESSIONNELLES
- ORDONNANCE N°6/2000 DU 12 FEVRIER 2000 PORTANT CREATION, ATTRIBUTION, ORGANISATION ET FONCTIONNEMENT DE L'AGENCE DE PROMOTION ET DES INVESTISSEMENTS
- LOI N° 2/2000 DU 18 AOUT 2000 PORTANT RATIFICATION DE L'ORDONNANCE N°6/2000 DU 12 FEVRIER 2000 PORTANT CREATION, ATTRIBUTION, ORGANISATION ET FONCTIONNEMENT DE L'AGENCE DE PROMOTION DES INVESTISSEMENTS PRIVES (APIP)
- CODE DES INVESTISSEMENTS DU MALI
- LOI N° 2012- o16/DU 27 FEV 202 PORTANT CODE DES INVESTISSEMENTS
- DECRET N° 2012-475/ P-RM DU 20 AOUT 2012 FIXANT LES MODALITES D'APPLICATION DE LA LOI N° 2012-016 DU 27 FEVRIER 2012 PORTANT CODE DES INVESTISSEMENTS DETREMINE LA PROCEDURE D'AGREMENT AUX DIVERS REGIMES PREVUS PAR LA LOI
- CODE DES INVESTISSEMENTS DU NIGER
- LOI N° 2014-09 PORTANT CODE DES INVESTISSEMENTS EN REPUBLIQUE DU NIGER
- ORDONNANCE N° 97-09 DU 27 FEVRIER 1997, PORTANT MODIFICATION DE L'ORDONNANCE N°89-19 DU 08

DECEMBRE 1989, PORTANT CODE DES INVESTISSEMENTS EN REPUBLIQUE DU NIGER
- ORDONNANCE N°99-69 DU 20 DECEMBRE 1999, MODIFIANT ET COMPETANT L'ORDONNNACE N°97-09 DU 27 FEVRIER 1997 PORTANT MODIFICATION DE L'ORDONNANCE N° 89-19 DU 8 DECEMBRE 1989 PORTANT CODE DES INVESTISSEMENTS EN REPUBLIQUE DU NIGER
- ORDONANCE PORTANT CHARTE DES PETITES ET MOYENNES ENTREPRISES
- CODE DES INVESTISSEMENTS DU SENEGAL
- LOI D'ORIENTATION N° 2008-29 DU 28 JUILLET 2008 RELATIVE A LA PROMOTION ET AU DEVELOPPEMENT DES PETITES ET MOYENNES, MODIFIEE PAR LA LOI N° 2012-32 DU 31 DECEMBRE 2012. CETTE LOI EST PARFOIS CREFERENCEE N°2007-49 DU 6 FEVRIER 2008
- CODE DES INVESTISSEMENTS DE LA REPUBLIQUE DU TCHAD
- LOI N° 006/PR/2008 INSTITUANT LA CHARTE DES INVESTISSEMENTS DE LA REPUBLIQUE DU TCHAD
- CODE DES INVESTISSEMENTS DE LA REPUBLIQUE DU TOGO
- LOI N° 2012 – 001 PORTANT CODE DES INVESTISSEMENTS DE LA REPUBLIQUE TOGOLAISE
- CHARTE DES PETITES ET MOYENNES ENTREPRISES DE LA REPUBLIQUE TOGOLAISE

TABLE DES MATIERES

Structures éditoriales du groupe L'Harmattan

L'Harmattan Italie
Via degli Artisti, 15
10124 Torino
harmattan.italia@gmail.com

L'Harmattan Hongrie
Kossuth l. u. 14-16.
1053 Budapest
harmattan@harmattan.hu

L'Harmattan Sénégal
10 VDN en face Mermoz
BP 45034 Dakar-Fann
senharmattan@gmail.com

L'Harmattan Cameroun
TSINGA/FECAFOOT
BP 11486 Yaoundé
inkoukam@gmail.com

L'Harmattan Burkina Faso
Achille Somé – tengnule@hotmail.fr

L'Harmattan Guinée
Almamya, rue KA 028 OKB Agency
BP 3470 Conakry
harmattanguinee@yahoo.fr

L'Harmattan RDC
185, avenue Nyangwe
Commune de Lingwala – Kinshasa
matangilamusadila@yahoo.fr

L'Harmattan Congo
67, boulevard Denis-Sassou-N'Guesso
BP 2874 Brazzaville
harmattan.congo@yahoo.fr

L'Harmattan Mali
ACI 2000 - Immeuble Mgr Jean Marie Cisse
Bureau 10
BP 145 Bamako-Mali
mali@harmattan.fr

L'Harmattan Togo
Djidjole – Lomé
Maison Amela
face EPP BATOME
ddamela@aol.com

L'Harmattan Côte d'Ivoire
Résidence Karl – Cité des Arts
Abidjan-Cocody
03 BP 1588 Abidjan
espace_harmattan.ci@hotmail.fr

Nos librairies en France

Librairie internationale
16, rue des Écoles
75005 Paris
librairie.internationale@harmattan.fr
01 40 46 79 11
www.librairieharmattan.com

Librairie des savoirs
21, rue des Écoles
75005 Paris
librairie.sh@harmattan.fr
01 46 34 13 71
www.librairieharmattansh.com

Librairie Le Lucernaire
53, rue Notre-Dame-des-Champs
75006 Paris
librairie@lucernaire.fr
01 42 22 67 13

www.ingramcontent.com/pod-product-compliance
Lightning Source LLC
LaVergne TN
LVHW010918061026
849535LV00007B/2124
* 9 7 8 2 3 4 3 2 2 2 1 9 6 *